Das Erste Portugiesische Lesebuch für Anfänger

Elisabeth May

Das Erste Portugiesische Lesebuch

für Anfänger

Stufen A1 und A2

Zweisprachig mit Portugiesisch-deutscher Übersetzung

Das Erste Portugiesische Lesebuch für Anfänger
von Elisabeth May

Audiodateien

www.audiolego.com/Buch/Portugiesisch-Band1/
Homepage www.lppbooks.com

Inhaltsverzeichnis

Alfabeto portuguese
Das portugiesische Alphabet

Buchstaben	Aussprache: Normalschrift	Lautschrift	(IPA)
A, a	á	[a]	[a], [ɐ]
B, b	bê	[be]	[b]
C, c	cê	[se]	[k] (vor a, o, u), [s] (vor e, i)
D, d	dê	[de]	[d], brasilianisch vor e, i: [dʒ]
E, e	é	[ɛ]	[e], [ɛ] (betont), [ə], [i] (unbetont)
F, f	éfe	[ˈɛfə]	[f]
G, g	guê, gê	[ge, ʒe]	[g] (vor a, o, u oder Konsonant), [ʒ] (+ e, i)
H, h	agá	[ɐˈga]	(stumm)
I, i	i	[i]	[i]
J, j	jota	[ˈʒɔtɐ]	[ʒ]
K, k	capa, cá	[ˈkapɐ, ka]	[k]
L, l	éle	[ˈɛlə]	[l], [ɫ]
M, m	éme	[ˈɛmə]	[m] oder stumm (bei Nasalierung)
N, n	éne	[ˈɛnə]	[n] oder stumm (bei Nasalierung)
O, o	ó	[ɔ]	[o], [ɔ] (betont), [u] (unbetont)
P, p	pê	[pe]	[p]
Q, q	quê	[ke]	[k] (vor e,i,o), [kw]

			(vor a)
R, r	érre	['ɛʀə]	[r], [ʀ]
S, s	ésse	['ɛsə]	[s], [z], [ʃ], [ʒ]
T, t	tê	[te]	[t] brasilianisch vor e, i: [tʃ]
U, u	u	[u]	[u], [w]
V, v	vê	[ve]	[v]
W, w	vê duplo	[ve 'duplu]	[w]
	vê dobrado	[ve du'bradu]	
	dáblio	['dablju]	
X, x	xis	[ʃiʃ]	[ʃ], [s], [z], [ks]
Y, y	i grego ípsilon	[i'gregu] ['ipsilon]	[i], [j]
Z, z	zê	[ze]	[z], [ʃ]

Alle Buchstaben sind männlich: o **m** - das „m".

Bitte sprich das „q" beim Buchstabieren als [ke] aus und nicht wie [ku]! Sonst klingt es wie „cu", ein wenig salonfähiges Wort für einen rückwärtigen Körperteil mit „A".

Als Doppelbuchstaben kommen praktisch nur „rr" und „ss" vor. Außerdem „nn" nur in connosco (mit uns) im europäischen Portugiesisch, ferner selten „cc" oder „cç" (zum Beispiel secção = Abschnitt, Abteilung).

Am Wortende steht nie ein „n". Ausnahmen sind einige Fremdworte, zum Beispiel abdómen (Bauch), hífen (Bindestrich).

Die Buchstaben „k", „w" und „y" sind jetzt offizieller Bestandteil des Alphabets. Sie kommen nur in Fremdwörtern und Abkürzungen vor.

Buchstaben mit Akzenten und diakritischen Zeichen

Buchstabe	Aussprache in Lautschrift (IPA)
Á, á	[a] (betont, offen)
À, à	[a] (offen; zum Gebrauch siehe Anmerkung)
Â, â	[ɐ], [ɐ̃] (betont, geschlossen, eventuell nasal)
Ã, ã	[ɐ̃] (nasal)
Ç, ç	[s] (stimmlos)
É, é	[ɛ] (betont, offen)
Ê, ê	[e] [ẽ] (betont, geschlossen, eventuell nasal)
Í, í	[i] (betont)
Ó, ó	[ɔ] (betont, offen)
Ô, ô	[o] (betont, geschlossen)
Õ, õ	[õ] (betont, nasal)
Ú, ú	[u] (betont)
Ü, ü (bras., veraltet)	[w] nicht stummes halbvokalisches „u" nach q oder g.

Akzente, Tilde, Cedille

Es gibt drei Akzente: den Akut (*o acento agudo*) ´, den Gravis (*o acento grave*) ` und den Zirkumflex (*o acento circunflexo*) ^.

Der **Akut** kann auf dem **á, é, í, ó** und **ú** stehen. Der Vokal mit dem Akut ist betont, bei **á, é** und **ó** zeigt er die offene Aussprache des Vokals an: [a, ɛ, ɔ]

Der **Zirkumflex** kann auf dem **â, ê** und **ô** stehen. Der Vokal wird betont und **geschlossen** ausgesprochen: [ɐ, e, o]; **â** und **ê** können bei folgendem „m" + Konsonant oder „n" + Konsonant auch nasaliert werden.

Der **Gravis** kann nur auf dem **à** stehen. Er zeigt an, wenn die Präposition **a** mit dem Artikel **a, as,** oder einer der Formen der

Pronomens **aquele** verschmilzt:**à, às, àquele(s), àquela(s)**.
Ausgesprochen wird das „à" als offenes „a". Der Gravis zeigt nicht die
Betonung an! Das Wort **àquele** wird auf dem ersten „e" betont.

Die **Tilde** *(o til)*, eine kleine Schlangelinie, kann auf den Vokalen **ã** und
õ stehen, auch bei den Diphthongen (Doppellauten) **ão, ãi, ãe** oder **õe**. Sie
zeigt die Nasalierung an. Bei den Doppellauten steht sie immer auf dem
ersten Vokal.

Cedille (*a cedilha*) nennt man den kleinen Strich unterhalb des **ç**. Sie
wird vor den Buchstaben „a", „o" und „u" benutzt, um zu erreichen, dass
das „c" nicht wie [k], sondern wie [s] ausgesprochen wird.

Buchstabenverbindungen

Buchstaben	(IPA)	Beispiele
ch	[ʃ] (wie deutsches „sch")	**ch**amar (rufen)
gu	[gw] (vor a, o)	á**gu**a (Wasser)
gu	[g] (meist vor e, i; das „u" ist stumm)	se**gu**ir (folgen)
gu	[gw] (manchmal vor e, i)	a**gu**entar (aushalten) *)
lh	[ʎ] (ähnlich „lj" wie Familie)	fi**lh**o (Sohn)
nh	[ɲ] (ähnlich „nj" wie in Cog**n**ac)	mi**nh**a (meine)
qu	[kw] (vor a, o)	**qu**atro (vier)
qu	[k] (meist vor e, i; das „u" ist stumm)	**qu**e (was)
qu	[kw] (manchmal vor e, i)	cin**qu**enta (fünfzig), tran**qu**ilo (ruhig) *)
rr	[ʀ] (Zäpfchen-**r** oder stark gerolltes Zungenspitzen-**r**)	ca**rr**o (Auto)
ss	[s] (stimmloses **s**)	i**ss**o

Die bei den Buchstabenverbindungen „gu" und „qu" früher in Brasilien
verwendete Schreibweise mit einem Trema auf dem „u", um anzuzeigen,
dass das „u" als [w] ausgesprochen wird („a**gü**entar, cin**qü**enta,
tran**qü**ilo"), ist seit 2009 abgeschafft.

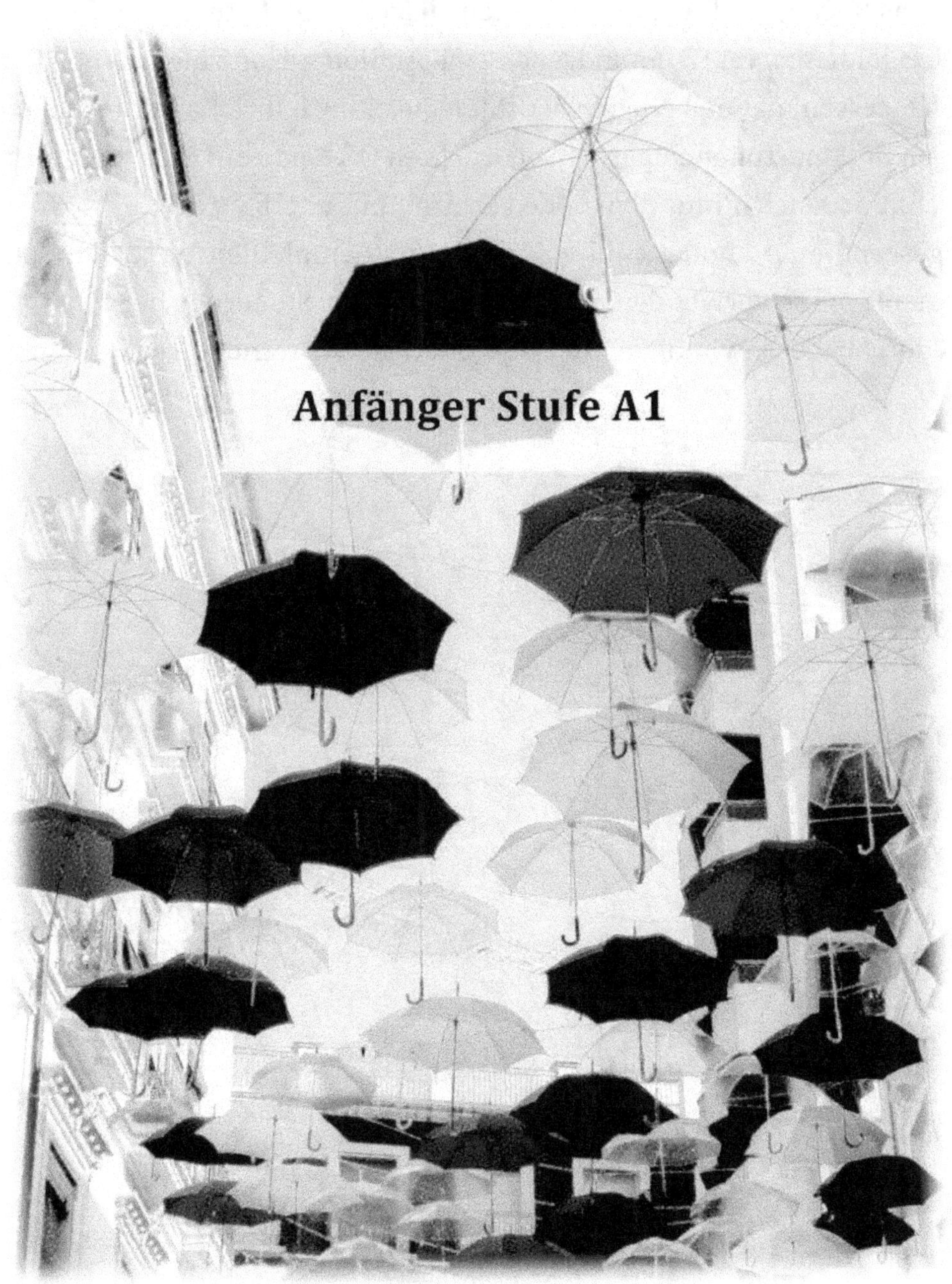
Anfänger Stufe A1

Wiedergabegeschwindigkeit der Audiodateien

Das Buch ist mit den Audiodateien ausgestattet. Mithilfe von QR-Codes kann man im Handumdrehen eine Audiodatei aufrufen, ohne Webadressen manuell eingeben. Öffnen Sie einfach ihre Kamera-App und halten ihr Smartphone über den gedruckten QR-Code. Ihr Smartphone erkennt was sich hinter dem Code verbirgt und bittet Sie dem eingescannten Audiodateilink zu folgen. Es ist empfehlenswert, den VLC-Mediaplayer zu verwenden, die Software, die zur Steuerung der Wiedergabegeschwindigkeit der Audiodateien verwendet werden kann.

Die Audiodatei

Robert tem um cão

Robert hat einen Hund

A

Palavras

Vokabeln

1. aquele - jener, jene, jenes
2. aqueles - jene (pl.)
3. azul - blau
4. bicicleta - das Fahrrad
5. bloco de notas - das Notizbuch; blocos de notas - die Notizbücher
6. bonito - schön
7. cama - das Bett; camas - die Betten
8. caneta, esferografica - der Stift; canetas, esferograficas - die Stifte
9. cão - der Hund
10. e - und
11. ele - er
12. eles - sie
13. este - dieser, esta-diese, dieses; este livro - dieses Buch
14. estes - diese, jene (pl.)

15. estrela - der Stern
16. estudante - der Student; estudantes - die Studenten
17. eu - ich
18. gato - die Katze
19. grande - groß
20. hotéis - die Hotels; hotel - das Hotel
21. janela - das Fenster; janelas - die Fenster
22. livro - das Buch
23. loja - der Laden; lojas - die Läden
24. mesa - der Tisch; mesas - die Tische
25. meu - mein, minha - meine
26. muito, muitos - viel, viele
27. não - nein, nicht
28. nariz - die Nase
29. novo - neu
30. olho - das Auge; olhos - die Augen
31. palavra - das Wort, die Vokabel; palavras - die Wörter, die Vokabeln
32. parque - der Park; parques - die Parks
33. pequeno - klein; pequena - kleine
34. Portugal - Portugal
35. preto - schwarz
36. quarto/sala -das Zimmer;quartos/salas die Zimmer
37. quatro - vier
38. rua - die Straße; ruas - die Straßen
39. seu - sein, sua- seine; sua cama - sein Bett
40. sonho - der Traum
41. também - auch
42. tem - er/sie/es hat; Ele tem um livro. - Er hat ein Buch.
43. ter - haben
44. texto - der Text
45. um - ein
46. verde - grün

B

1.Este estudante tem um livro.
2.Ele tem uma caneta também.

3.Porto tem muitas ruas e parques. 4.Esta rua tem hotéis novos e lojas. 5.Este hotel tem

1.Dieser Student hat ein Buch.
2.Er hat auch einen Stift.

3.Porto hat viele Straßen und Parks. 4.Diese Straße hat neue Hotels und Läden. 5.Dieses Hotel

quatro estrelas. 6.Este hotel tem muitos quartos bonitos e grandes.

7.Aquele quarto tem muitas janelas. 8.E estes quartos não têm muitas janelas. 9.Estes quartos têm quatro camas. 10.E aqueles quartos têm uma cama. 11.Aquele quarto não tem muitas mesas. 12.E aqueles quartos tem muitas mesas grandes. 13.Esta rua não tem hotéis. 14.Aquela loja não tem muitas janelas.

15.Estes estudantes têm bloco de notas. 16.Eles têm canetas também. 17.Robert tem um pequeno bloco de notas preto. 18.Kazuki tem quatro blocos de notas verdes novos. 19.Este estudante tem uma bicicleta. 20.Ele tem uma nova bicicleta azul. 21.José também tem uma bicicleta. 22.Ele tem uma bonita bicicleta preta. 23.Kazuki tem um sonho. 24.Eu também tenho um sonho.

25.Eu não tenho um cão. 26.Eu tenho um gato. 27.O meu gato tem uns bonitos olhos verdes. 28.Robert não tem um gato. 29.Ele tem um cão. 30.O seu cão tem um pequeno nariz preto.

hat vier Sterne. 6.Dieses Hotel hat viele schöne, große Zimmer.

7.Jenes Zimmer hat viele Fenster. 8.Und diese Zimmer haben nicht viele Fenster. 9.Diese Zimmer haben vier Betten. 10.Und diese Zimmer haben ein Bett. 11.Jenes Zimmer hat nicht viele Tische. 12.Und diese Zimmer haben viele große Tische.13.In dieser Straße sind keine Hotels. 14.Jener Laden hat nicht viele Fenster.

15.Diese Studenten haben Notizbücher. 16.Sie haben auch Stifte. 17.Robert hat ein kleines schwarzes Notizbuch. 18.Kazuki hat vier neue grüne Notizbücher. 19.Dieser Student hat ein Fahrrad. 20.Er hat ein neues blaues Fahrrad. 21.José hat auch ein Fahrrad. 22.Er hat ein schönes schwarzes Fahrrad. 23.Kazuki hat einen Traum. 24.Ich habe auch einen Traum.

25.Ich habe keinen Hund. 26.Ich habe eine Katze. 27.Meine Katze hat schöne grüne Augen. 28.Robert hat keine Katze. 29.Er hat einen Hund. 30.Sein Hund hat eine kleine schwarze Nase.

2

Die Audiodatei

Eles vivem em Porto

Sie wohnen in Porto

A

Palavras

Vokabeln

1. agora - jetzt, zurzeit, gerade
2. Alemanha - Deutschland
3. alemão - Deutscher (m), deutsch
4. comprar - kaufen
5. de - aus, von
6. dois - zwei
7. ela - sie
8. em - in
9. fome - hunger
10. grande - groß
11. irmã - die Schwester
12. irmão - der Bruder
13. Japão - Japan
14. japonês - Japaner (m), japanisch

15. mãe - die Mutter
16. nós - wir
17. português (m), portuguesa (f) - (m) Portugiese, (f) Portugiesin, portugiesisch
18. sanduíche - das Sandwich

B

1.Porto é uma cidade grande. 2.Porto é em Portugal.

3.Este é o Robert. 4.Robert é um estudante. 5.Ele agora está no Porto. 6.Robert é da Alemanha. 7.Ele é alemão. 8.Robert tem mãe, pai, um irmão e uma irmã. 9.Eles vivem na Alemanha.

10.Este é o Kazuki. 11.Kazuki é um estudante também. 12.Ele é do Japão. 13.Ele é Japonês.14.Kazuki tem mãe, pai e duas irmãs. 15.Eles vivem no Japão.

16.Robert e Kazuki estão num supermercado agora. 17.Eles têm fome. 18.Eles compram sanduiches.

19.Esta é a Linda. 20.A Linda é portuguesa. 21.A Linda vive no Porto também. 22.Ela não é estudante.

19. supermercado - der Supermarkt
20. Tu/Você singular- du/Sie Vocês plural - ihr/Sie
21. viver - leben, wohnen (morar)

1.Porto ist eine große Stadt. 2.Porto ist in Portugal.

3.Das ist Robert. 4.Robert ist Student. 5.Er ist zurzeit in Porto. 6.Robert kommt aus Deutschland. 7.Er ist Deutscher. 8.Robert hat Mutter, Vater, einen Bruder und eine Schwester. 9.Sie leben in Deutschland.

10.Das ist Kazuki. 11.Kazuki ist auch Student. 12.Er kommt aus Japan. 13.Er ist Japaner. 14.Kazuki hat Mutter, Vater und zwei Schwestern. 15.Sie leben in Japan.

16.Robert und Kazuki sind gerade im Supermarkt. 17.Sie haben Hunger. 18.Sie kaufen Sandwiches.

19.Das ist Linda. 20.Linda ist Portugiesin. 21.Linda wohnt auch in Porto. 22.Sie ist kein Student.

23.Eu sou um estudante. 24.Eu sou da Alemanha. 25.Eu estou no Porto agora. 26.Eu não tenho fome.

27.Tu és um estudante. 28.Tu és alemão. 29.Tu não estás no Alemanha agora. 30.Tu estás em Portugal.

31.Nós somos estudantes. 32.Nós estamos em Portugal agora.

33.Esta é uma bicicleta. 34.A bicicleta é azul. 35.A bicicleta não é nova.

36.Este é um cão. 37.O cão é preto. 38.O cão não é grande.

39.Estas são lojas. 40.Estas lojas não são grandes. 41.Elas são pequenas. 42.Aquela loja tem muitas janelas. 43.Aquelas lojas não têm muitas janelas.

44.Aquele gato está no quarto. 45.Aqueles gatos não estão no quarto.

23.Ich bin ein Student. 24.Ich komme aus Deutschland. 25.Ich bin zurzeit in Porto. 26.Ich habe keinen Hunger.

27.Du bist ein Student. 28.Du bist Deutsche. 29.Du bist zurzeit nicht in Deutschland. 30.Du bist in Portugal.

31.Wir sind Studenten. 32.Wir sind zurzeit in Portugal.

33.Dies ist ein Fahrrad. 34.Das Fahrrad ist blau. 35.Das Fahrrad ist nicht neu.

36.Dies ist ein Hund. 37.Der Hund ist schwarz. 38.Der Hund ist nicht groß.

39.Dies sind Läden. 40.Die Läden sind nicht groß. 41.Sie sind klein. 42.Dieser Laden hat viele Fenster. 43.Jene Läden haben nicht viele Fenster.

44.Diese Katze ist im Zimmer. 45.Jene Katzen sind nicht im Zimmer.

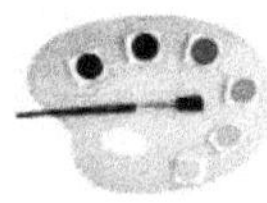

Die Audiodatei

3

Eles são Portugueses?

Sind sie Portugiese?

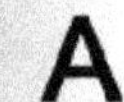 **A**

Palavras
Vokabeln

1. animal - das Tier
2. café - der Kaffee
3. casa - das Haus
4. como- wie
5. em - am, beim, in
6. homem - der Mann
7. leitor de CD - der CD Spieler
8. livro dele/dela - sein/ihr Buch
9. mapa - die Karte
10. menino/rapaz - der Junge
11. mulher - die Frau
12. não - nein
13. nosso - unser
14. objecto - es
15. onde - wo
16. português(adj) - portugiesisch

17. sim - ja
18. sobre - auf
19. todo - alle

20. tu/você (s) - du/Sie; - vós/vocês(p). - ihr/Sie
21. velho - alt

B

1

- Eu sou um rapaz. Estou na sala.

- És português?

- Não, eu não sou português. Eu sou alemão.

- És estudante?

- Sim, eu sou estudante.

2

- Esta é uma mulher. A mulher está na sala também.

- Ela é alemã?

- Não, ela não é alemã. Ela é portuguesa.

- É ela uma estudante?

- Não, ela não é uma estudante.

3

- Este é um homem. Ele está à mesa.

- Ele é português?

- Sim, ele é. Ele é português.

1

- Ich bin ein Junge. Ich bin im Zimmer.

- Bist du Portugiese?

- Nein, ich bin kein Portugiese. Ich bin Deutscher.

- Bist du Student?

- Ja, ich bin Student.

2

- Das ist eine Frau. Die Frau ist auch im Zimmer.

- Ist sie Deutsche?

- Nein, sie ist keine Deutsche. Sie ist Portugiesin.

- Ist sie Studentin?

- Nein, sie ist keine Studentin.

3

- Das ist ein Mann. Er sitzt am Tisch.

- Ist er Portugiese?

- Ja er ist es. Er ist Portugiese.

4

- Estes são estudantes. Eles estão no parque.

- São todos português?

- Não, eles não são. Eles são de Portugal, Japão e Alemanha.

5

- Esta é uma mesa. É grande.

- É nova?

- Sim, é. É nova.

6

- Este é um gato. Está na sala.

- É preto?

- Sim, é. É preto e bonito.

7

- Estas são bicicletas. Elas estão em casa.

- Elas são pretas?

- Sim, são. Elas são pretas.

8

- Você tem um bloco de notas?

- Sim, tenho.

- Quantos bloco de notas você tem?

- Tenho dois blocos de notas.

4

- Das sind Studenten. Sie sind im Park.

- Sind sie alle Portugiesen?

- Nein, sind sie nicht. Sie sind aus Portugal, Japan und Deutschland.

5

- Das ist ein Tisch. Er ist groß.

- Ist er neu?

- Ja, er ist es. Er ist neu.

6

- Das ist eine Katze. Sie ist im Zimmer.

- Ist sie schwarz?

- Ja, das ist sie. Sie ist schwarz und schön.

7

- Das sind Fahrräder. Sie sind im Haus.

- Sind sie schwarz?

- Ja, sie sind es. Sie sind schwarz.

8

- Haben Sie ein Notizbuch?

- Ja.

- Wie viele Notizbücher haben Sie?

- Ich habe zwei Notizbücher.

- Ele tem uma caneta?

- Sim, ele tem.

- Quantas canetas que ele tem?

- Ele tem uma caneta.

9

- Ela tem uma bicicleta?

- Sim, ela tem.

- A sua bicicleta é azul?

- Não, não é. A sua bicicleta não é azul. É verde.

10

- Você tem um livro de português?

- Não, eu não. Eu não tenho um livro de português. Eu não tenho livros.

11

- Ela tem um gato?

- Não, ela não tem. Ela não tem animais.

12

- Vocês têm um leitor de CD?

- Não, não temos. Nós não temos um leitor de CD. Nós não temos nenhum leitor.

- Hat er einen Stift?

- Ja.

- Wie viele Stifte hat er?

- Er hat einen Stift.

9

- Hat sie ein Fahrrad?

- Ja, hat sie.

- Ist ihr Fahrrad blau?

- Nein, ist es nicht. Ihr Fahrrad ist nicht blau. Es ist grün.

10

- Haben Sie ein portugiesisches Buch?

- Nein, habe ich nicht. Ich habe kein portugiesisches Buch. Ich habe keine Bücher.

11

- Hat sie eine Katze?

- Nein, hat sie nicht. Sie hat kein Tier.

12

- Haben Sie einen CD-Spieler?

- Nein, haben wir nicht. Nein, wir haben keinen CD-Spieler. Wir haben keinen (Musik)spieler.

13

- Onde está o nosso mapa?

- O nosso mapa está na sala.

- Está sobre a mesa?

- Sim, está.

- Wo ist unsere Karte?

- Unsere Karte ist im Zimmer.

- Ist sie auf dem Tisch?

- Ja, ist sie.

14

- Onde estão os rapazes?

- Eles estão no café.

- Onde estão as bicicletas?

- Estão no café.

- Onde está Kazuki?

- Ele está no café também.

- Wo sind die Jungs?

- Sie sind im Café.

- Wo sind die Fahrräder?

- Sie sind im Café.

- Wo ist Kazuki?

- Er ist auch im Café.

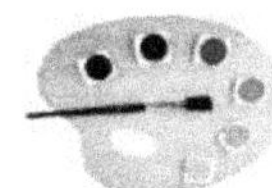

Die Audiodatei

Pode ajudar-me, por favor?

Können Sie mir bitte helfen?

 **A**

Palavras
Vokabeln

1. agradecer - danken; obrigado(a) - danke
2. ajuda - die Hilfe
3. ajudar - helfen
4. andar (a pé) - gehen; ir (de transporte) - fahren (per Transportmittel)
5. aprender - lernen
6. banco - die Bank
7. dar - geben
8. endereço/morada - die Adresse
9. escrever - schreiben
10. falar - sprechen

11. jogar- spielen

12. ler - lesen

13. lugar - der Platz; colocar - legen

14. mas - aber

15. ou - oder

16. para - für

17. para mim- für mich

18. poder - dürfen, können; Eu posso ir ao banco. - Ich kann zur Bank gehen.

19. por favor - bitte

20. saber - können; Eu sei ler. - Ich kann lesen.

21. sentar - setzen

22. ter de - müssen; eu tenho de ir. - Ich muss gehen.

23. tomar - nehmen

24. trabalho - Arbeit; trabalhar - arbeiten

 **B**

1

- Você pode ajudar-me, por favor?

- Sim, posso.

- Eu não sei escrever o endereço em português. Você pode escrever por mim?

- Sim, posso.

- Obrigado.

1

- Können Sie mir bitte helfen?

- Ja, kann ich.

- Ich kann die Adresse nicht auf Portugiesisch schreiben. Können Sie sie für mich schreiben?

- Ja, kann ich.

- Danke.

2

- Sabe jogar ténis?

- Não, eu não sei. Mas posso aprender. Você pode ajudar-me a aprender?

- Sim, posso. Eu posso ajudar-te a

2

- Kannst du Tennis spielen?

- Nein, kann ich nicht. Aber ich kann es lernen. Können Sie mir helfen, es zu lernen?

- Ja, ich kann. Ich kann dir helfen,

aprender a jogar ténis.

- Obrigado.

Tennis spielen zu lernen.

- Danke.

3

- Você sabe falar português?

- Eu sei falar e ler português, mas não sei escrever.

- Você sabe falar alemão?

- Eu sei falar, ler e escrever em alemão.

- A Linda sabe falar alemão também?

- Não, ela não sabe. Ela é portuguesa.

- Eles sabem falar português?

- Sim, eles sabem um pouco. São estudantes e eles aprendem português. Este rapaz não sabe falar português.

3

- Sprechen Sie Portugiesisch?

- Ich kann Portugiesisch sprechen und lesen, aber ich kann nicht schreiben.

- Sprechen Sie Deutsch?

- Ich kann Deutsch sprechen, lesen und schreiben.

- Kann Linda auch Deutsch sprechen?

- Nein, sie kann nicht. Sie ist Portugiesin.

- Sprechen sie Portugiesisch?

- Ja, sie können es ein bisschen. Sie sind Studenten und sie lernen Portugiesisch. Dieser Junge kann kein Portugiesisch sprechen.

4

- Onde eles estão?

- Eles jogam o ténis agora.

- Podemos jogar também?

- Sim, podemos.

4

- Wo sind sie?

- Sie spielen gerade Tennis.

- Können wir auch spielen?

- Ja, können wir.

5

- Onde está Robert?

- Ele pode estar no café.

5

- Wo ist Robert?

- Er kann im Café sein.

6

- Sente-se nesta mesa, por favor.

- Obrigado. Posso colocar os meus livros na mesa?

- Sim, pode.

- O Kazuki pode se sentar na mesa dele?

- Sim, ele pode.

7

- Posso me sentar na cama dela?

- Não, você não deve.

- A Linda pode levar seu leitor de CD?

- Não. Ela não deve levar o seu leitor de CD.

- Eles podem levar o mapa dela?

- Não, eles não podem.

8

Você não deve se sentar na cama dela.

Ela não deve levar leitor de CD dele.

Eles não devem levar estes bloco de notas.

9

- Tenho de ir ao banco.

- Você tem de ir agora?

- Sim, tenho.

6

- Setzen Sie sich an diesen Tisch, bitte.

- Danke. Kann ich meine Bücher auf diesen Tisch legen?

- Ja.

- Darf Kazuki sich an ihren Tisch setzen?

- Ja, er darf (kann).

7

- Darf ich mich auf ihr Bett setzen?

- Nein, das dürfen Sie nicht.

- Darf Linda seinen CD-Spieler mitnehmen?

- Nein, sie darf seinen CD-Spieler nicht mitnehmen.

- Dürfen sie ihre Karte mitnehmen?

- Nein, das dürfen sie nicht.

8

Sie dürfen sich nicht auf ihr Bett setzen.

Sie darf seinen CD-Spieler nicht mitnehmen.

Sie dürfen diese Notizbücher nicht mitnehmen.

9

- Ich muss zur Bank gehen.

- Müssen Sie jetzt gehen?

- Ja, ich muss.

10

- Você tem de aprender alemão?

- Eu não tenho de aprender alemão.
Eu devo aprender português.

11

- Ela tem de ir ao banco?

- Não. Ela não tem de ir ao banco.

- Posso levar essa bicicleta?

- Não, você não deve levar essa
bicicleta.

- Podemos colocar estes bloco de
notas na cama dela?

- Não. Vocês não podem colocar o
bloco de notas na cama dela.

10

- Müssen Sie Deutsch lernen?

- Ich muss nicht Deutsch lernen. Ich
muss Portugiesisch lernen.

11

- Muss sie zur Bank gehen?

- Nein, sie muss nicht zur Bank
gehen.

- Darf ich dieses Fahrrad
mitnehmen?

- Nein, Sie dürfen dieses Fahrrad
nicht mitnehmen.

- Dürfen wir diese Notizbücher auf
ihr Bett legen?

- Nein, Sie dürfen die Notizbücher
nicht auf ihr Bett legen.

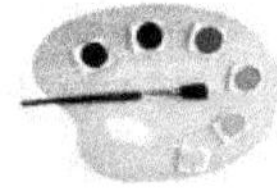

Die Audiodatei

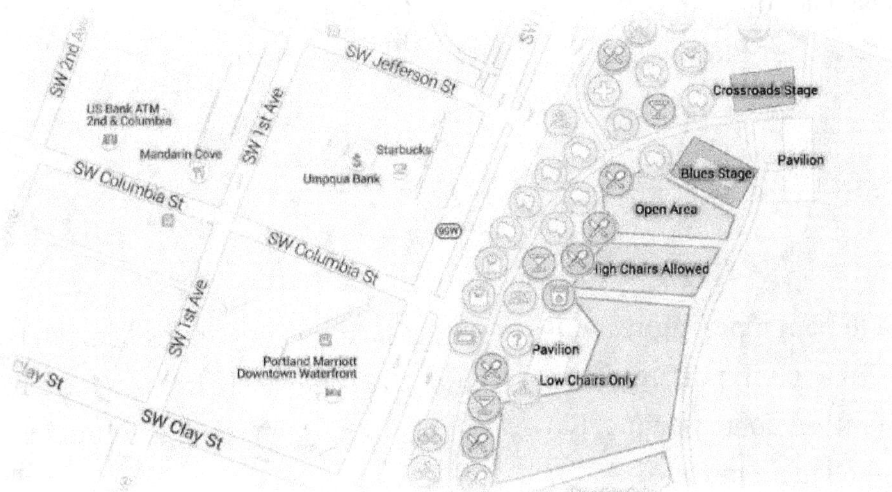

Robert vive em Portugal agora

Robert wohnt jetzt in Portugal

 **A**

Palavras
Vokabeln

1. algum/alguma - ein paar
2. ali (lugar) - dort, dorthin; lá(direcção) - da, dahin (Richtung)
3. beber - trinken
4. bem - gut (Adverb)
5. bom/boa - gut
6. cadeira - der Stuhl
7. chá - der Tee
8. cinco - fünf
9. comer - essen
10. gostar, amar - mögen, lieben
11. jornal - die Zeitung
12. mobília - die Möbel
13. música - die Musik
14. necessitar/precisar - brauchen
15. oito - acht

16. ouvir - hören; Eu ouço música. - Ich höre Musik.
17. pequeno-almoço - das Frühstück; tomar o pequeno-almoço - frühstücken
18. pessoas - die Menschen
19. praça - der Platz
20. querer - wollen
21. quinta - der Bauernhof
22. rapariga/menina - das Mädchen
23. seis - sechs
24. sete- sieben
25. três - drei

B

1

Linda lê bem o português. Eu também leio em português. Os estudantes vão ao parque. Ela também vai ao parque.

2

Nos vivemos no Porto. Kazuki agora vive no Porto também. Seu pai e sua mãe vivem no Japão. Robert vive no Porto agora também. Seu pai e sua mãe vivem na Alemanha.

3

Os estudantes jogam ténis. Kazuki joga bem. Robert não joga bem.

4

Nós bebemos chá. Linda bebe chá verde. José bebe chá preto. Eu bebo chá preto também.

1

Linda liest gut Portugiesisch. Ich lese auch Portugiesisch. Die Studenten gehen in den Park. Sie geht auch in den Park.

2

Wir wohnen in Porto. Kazuki wohnt jetzt auch in Porto. Sein Vater und seine Mutter leben in Japan. Robert wohnt jetzt auch in Porto. Sein Vater und seine Mutter leben in Deutschland.

3

Die Studenten spielen Tennis. Kazuki spielt gut. Robert spielt nicht gut.

4

Wir trinken Tee. Linda trinkt grünen Tee. José trinkt schwarzen Tee. Ich trinke auch schwarzen Tee.

5

Eu ouço música. Sarah ouve música também. Ela gosta de ouvir boa música.

6

Eu preciso de seis blocos de notas. José precisa de sete blocos de notas. Linda precisa de oito blocos de notas.

7

Sarah quer beber. Eu também quero beber. Kazuki quer comer.

8

Há um jornal sobre a mesa. Kazuki toma e lê. Ele gosta de ler os jornais.

9

Há alguma mobilia na sala. Há seis mesas e seis cadeiras lá.

10

Há três raparigas na sala. Elas tomam o pequeno almoço. Sarah come pão e bebe chá. Ela gosta de chá verde.

11

Há alguns livros sobre a mesa. Eles não são novos. Eles são velhos.

5

Ich höre Musik. Sarah hört auch Musik. Sie mag es, gute Musik zu hören.

6

Ich brauche sechs Notizbücher. José braucht sieben Notizbücher. Linda braucht acht Notizbücher.

7

Sarah will trinken. Ich will auch trinken. Kazuki will essen.

8

Es gibt (liegt) eine Zeitung auf dem Tisch. Kazuki nimmt sie und liest. Er mag es, Zeitung zu lesen.

9

Im Zimmer gibt es einige Möbel. Es gibt dort sechs Tische und sechs Stühle.

10

Es sind (gibt) drei Mädchen im Zimmer. Sie frühstücken. Sarah isst Brot und trinkt Tee. Sie mag grünen Tee.

11

Auf dem Tisch sind (gibt es) ein paar Bücher. Sie sind nicht neu. Sie sind alt.

12

- Haverá um banco nesta rua?

- Sim, há. Há cinco bancos nesta rua. Os bancos não são grandes.

13

- Há pessoas na praça?

- Sim, há. Há algumas pessoas na praça.

14

- Há bicicletas no café?

- Sim, há. Há quatro bicicletas no café. Elas não são novas.

15

- Haverá um hotel nesta rua?

- Não, não há. Não há hotéis nesta rua.

16

- Há alguma loja grande naquela rua?

- Não, não há. Não há lojas grandes naquela rua.

17

- Há algumas quintas em Portugal?

- Sim, há. Há muitas quintas em Portugal.

12

- Wird es in dieser Straße eine Bank geben?

- Ja. Es gibt fünf Banken in dieser Straße. Die Banken sind nicht groß.

13

- Sind (Gibt es) Menschen auf dem Platz?

- Ja. Es sind (gibt) einige Menschen auf dem Platz.

14

- Sind (Gibt es) Fahrräder vor dem Café?

- Ja, es sind vier Fahrräder vor dem Café. Sie sind nicht neu.

15

- Gibt es in dieser Straße ein Hotel?

- Nein, gibt es nicht. Es gibt keine Hotels in dieser Straße.

16

- Gibt es in dieser Straße einige große Läden?

- Nein, gibt es nicht. Es gibt keine großen Läden in dieser Straße.

17

- Gibt es in Portugal einige Bauernhöfe?

- Ja, gibt es. Es gibt viele Bauernhöfe in Portugal.

- Haverá alguns moveis nesse quarto?

- Sim, há. Há quatro mesas e algumas cadeiras lá.

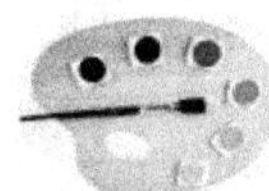

- Gibt es einige Möbel in diesem Zimmer?

- Ja, gibt es. Es gibt dort vier Tische und einige Stühle.

6

Robert tem muitos amigos

Robert hat viele Freunde

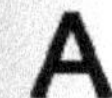 **A**

Palavras

Vokabeln

1. adentro - hinein
2. agência - Agentur
3. amigo - der Freund
4. café - der Kaffee
5. carro/automóvel - das Auto
6. CD - die CD
7. computador - der Computer
8. conhecer - kennen, kennenlernen, erkennen
9. cozinheiro/cozinheira - der Koch / die Köchin
10. da mãe - von der Mutter
11. da mulher - von der Frau
12. debaixo - unter
13. do Kazuki - von Kazuki
14. do Robert - von Robert
15. limpar - säubern
16. limpo - sauber
17. livre - frei
18. muito - viel, viele
19. pai - der Vater
20. porta - die Tür

21. também - auch
22. trabalho - die Arbeit; agência
    de emprego - die
    Arbeitsvermittlung

23. vem, vai - komm(en Sie) /
    geh(en Sie)

B

1

O Robert tem muitos amigos. Os amigos do Robert vêm ao café. Eles gostam de beber café. Os amigos do Robert bebem muito café.

Robert hat viele Freunde. Die Freunde von Robert (Roberts Freunde) gehen ins Café. Sie trinken gerne Kaffee. Roberts Freunde trinken viel Kaffee.

2

O pai do Kazuki tem um carro. O carro do pai está limpo mas é velho. O pai do Kazuki conduz muito. Ele tem um bom emprego e agora tem muito trabalho.

Der Vater von Kazuki (Kazukis Vater) hat ein Auto. Das Auto seines Vaters ist sauber, aber es ist alt. Der Vater von Kazuki (Kazukis Vater) fährt viel Auto. Er hat eine gute Arbeit und jetzt viel Arbeit.

3

José tem muitos CDs. Os CDs do José estão em cima da cama. O leitor de CDs está em cima da cama também.

José hat viele CDs. Die CDs von Josés sind auf dem Bett. Der CD-Spieler ist auch auf dem Bett.

4

O Robert lê os jornais portugueses. Há muitos jornais em cima da mesa no quarto do Robert.

Robert liest portugiesische Zeitungen. Auf dem Tisch in Roberts Zimmer (Zimmer von Robert) gibt es viele Zeitungen.

5

A Maria tem um gato e um cão.
O gato da Maria está no quarto
debaixo da cama. O cão da Maria
está no quarto também.

6

Há um homem neste carro.
Este homem tem um mapa. O
mapa do homem é grande. Este
homem conduz muito.

7

Eu sou um estudante. Eu tenho
muito tempo livre. Eu vou a uma
agência de emprego. Eu preciso
de um bom emprego.

8

O Kazuki e o Robert têm pouco
tempo livre. Eles vão a uma
agência de emprego também.
Kazuki tem um computador. A
agencia de emprego pode dar-lhe
um bom emprego.

9

Linda tem uma nova
cozinheira. A cozinheira da Linda
é muito boa e limpa. Ela faz o
pequeno-almoço para os seus
filhos. A Maria e o José são os
filhos de Linda. Os filhos de Linda

5

Maria hat eine Katze und einen
Hund. Die Katze von Maria (Marias
Katze) ist im Zimmer unter dem Bett.
Der Hund von Maria (Marias Hund)
ist auch im Zimmer.

6

In dem Auto ist ein Mann. Der
Mann hat eine Karte. Die Karte des
Mannes ist groß. Dieser Mann fährt
viel.

7

Ich bin Student. Ich habe viel
Freizeit. Ich gehe zu einer
Arbeitsvermittlung. Ich brauche
einen guten Job.

8

Kazuki und Robert haben ein
bisschen freie Zeit. Sie gehen auch zu
einer Arbeitsvermittlung. Kazuki hat
einen Computer. Die Agentur kann
ihnen eine gute Arbeit geben.

9

Linda hat eine neue Köchin. Die
Köchin von Linda ist gut und sauber.
Sie macht Frühstück für ihre Kinder.
Maria und José sind Lindas Kinder.
Lindas Kinder trinken viel Tee. Die
Mutter trinkt ein bisschen Kaffee. Die

bebem muito chá. A mãe bebe um pouco de café. A mãe de Maria sabe falar poucas palavras em inglês. Ela fala muito pouco inglês. Linda tem um emprego. Ela tem pouco tempo livre.

10

Robert fala pouco português. Robert sabe muito poucas palavras em português. Eu conheço muitas palavras em português. Eu falo pouco português. Esta mulher sabe muitas palavras em português. Ela fala bem o português.

11

Jorge trabalha numa agência de empregos. Esta agência de empregos fica no Porto. Jorge tem um carro. O carro do Jorge está na rua. O Jorge tem muito trabalho. Ele tem de ir à agência. Ele conduz até lá. O Jorge entra na agência. Há muitos estudantes lá. Eles precisam de empregos. O trabalho do Jorge é ajudar os estudantes.

12

Há um carro no hotel. As portas deste carro não estão

Mutter von Maria kann ein paar Wörter Englisch sprechen. Sie spricht sehr wenig Englisch. Linda hat Arbeit. Sie hat wenig Freizeit.

10

Robert spricht wenig Portugiesisch. Robert kennt nur sehr wenige portugiesische Wörter. Ich kenne viele portugiesische Wörter. Ich spreche wenig Portugiesisch. Diese Frau kennt viele portugiesische Wörter. Sie spricht gut Portugiesisch.

11

Jorge arbeitet in einer Arbeitsvermittlung. Diese Arbeitsvermittlung befindet sich in Porto. Jorge hat ein Auto. Das Auto von Jorge steht auf der Straße. Jorge hat viel Arbeit. Er muss in die Agentur gehen. Er fährt dorthin. Jorge betritt die Agentur. Dort sind (gibt es) viele Studenten. Sie brauchen Arbeit. Die Arbeit von Jorge ist es, den Studenten zu helfen.

12

Vor dem Hotel steht (gibt es) ein Auto. Die Türen dieses Autos sind nicht sauber. In diesem Hotel wohnen viele Studenten. Die Zimmer

limpas. Muitos estudantes vivem neste hotel. Os quartos do hotel são pequenos, mas limpos. Este é o quarto do Robert. A janela da sala é grande e limpa.

des Hotels sind klein, aber sauber. Das ist das Zimmer von Robert. Das Fenster des Zimmers ist groß und sauber.

Die Audiodatei

José compra uma bicicleta

José kauft ein Fahrrad

 **A**

Palavras
Vokabeln

1. a seguir, depois - dann, danach; depois de - nach
2. assim - so
3. autocarro - der Bus
4. cara - das Gesicht
5. casa de banho - das Bad; banheira - die Badewanne
6. casa, casa - das Zuhause, Haus
7. centro - das Zentrum
8. centro da cidade - das Stadtzentrum
9. com - mit
10. cozinha - die Küche
11. de manhã - morgens, vormittags
12. desporto - der Sport; loja de desporto - das Sportgeschäft, bicicleta desportiva- das Sportfahrrad

13. domingo - Sonntag; pequeno alomoço de domingo - Sonntagsfrühstück

14. empresa - die Firma

15. escritório - das Büro

16. fazer - machen; máquina de café - die Kaffeemaschine

17. fila - die Schlange

18. hoje - heute

19. ir de autocarro - mit dem Bus fahren

20. ir de bicicleta - Fahrrad fahren, mit dem Fahrrad fahren

21. lanche - Snack

22. lavar - waschen

23. lavatório - das Waschbecken

24. mesa de casa de banho - der Badezimmertisch

25. tempo - die Zeit; o tempo passa - die Zeit vergeht; duas vezes - zwei mal

26. trabalhador - der Arbeiter

27. um a um/uma a uma - einer nach dem anderen

 **B**

É manhã de domingo. José vai à casa de banho. A casa de banho não é grande. Existe uma banheira, um lavatório e uma mesa de casa de banho. José lava a cara. A seguir ele vai para a cozinha. Há uma máquina de café na mesa de cozinha. José toma o seu pequeno almoço. O pequeno almoço de domingo do José não é grande. A seguir ele faz um café com a máquina de café e bebe-o. Ele quer ir hoje a uma loja de

Es ist Sonntagmorgen. José geht ins Bad. Das Badezimmer ist nicht groß. Dort gibt es eine Badewanne, eine Waschbecken und einen Badezimmertisch. José wäscht sich das Gesicht. Anschließend geht er in die Küche. Auf dem Küchentisch steht (gibt es) eine Kaffeemaschine. José frühstückt. Das Sonntagsfrühstück von José ist nicht groß. Anschließend macht er Kaffee mit der Kaffeemaschine und trinkt ihn. Er will heute in ein

desporto hoje. José vai para a rua. Ele apanha o autocarro sete. Leva pouco tempo para ir de autocarro até a loja.

José entra na loja de desporto. Ele quer comprar uma nova bicicleta desportiva. Há muitas bicicletas desportivas lá. Elas são pretas, azuis e verdes. José gosta de bicicletas azuis. Ele quer comprar uma azul. Há uma fila na loja. Leva muito tempo para o José comprar a bicicleta. A seguir ele vai para a rua andar de bicicleta. Ele vai para o centro da cidade. A seguir, ele monta do centro da cidade até ao parque da cidade. É tão bom andar na nova bicicleta desportiva!

É manhã de domingo, mas Jorge está no seu escritório. Ele tem muito trabalho hoje. Há uma fila para o escritório de Jorge. Há muitos estudantes e trabalhadores na fila. Eles precisam de emprego. Eles vão, um a um à sala de Jorge. Eles

Sportgeschäft gehen. José geht auf die Straße. Er nimmt den Bus 7. Es dauert nicht lange (kurze Zeit), um mit dem Bus zum Laden zu fahren.

José betritt das Sportgeschäft. Er will sich ein neues Sportfahrrad kaufen. Es gibt dort viele Sportfahrräder. Sie sind schwarz, blau und grün. José mag blaue Fahrräder. Er möchte ein blaues kaufen. Im Laden gibt es eine Schlange. José braucht lange, um das Fahrrad zu kaufen. Anschließend geht er auf die Straße und fährt mit dem Fahrrad. Er fährt ins Stadtzentrum. Danach fährt er vom Stadtzentrum zum Stadtpark. Es ist so schön, mit dem neuen Sportfahrrad zu fahren!

Es ist Sonntagmorgen, aber Jorge ist in seinem Büro. Er hat heute viel Arbeit. Vor Jorges Büro ist eine Schlange. In der Schlange sind viele Studenten und Arbeiter. Sie brauchen Arbeit. Sie gehen einer nach dem anderen in Jorges Büro. Sie sprechen mit Jorge.

falam com o Jorge. A seguir ele dá os endereços das empresas.

Agora é a hora do lanche. Jorge faz um café com a máquina de café. Ele come o seu lanche e bebe o café. Agora não há fila para o seu escritório. Jorge pode ir para casa. Ele vai para a rua. Está tão bom hoje! Jorge vai para casa. Ele pega nos seus filhos e vai para o parque da cidade. Eles passam um bom tempo lá.

Anschließend gibt er ihnen Adressen von Firmen.

Jetzt ist Zeit für einen Imbiss. Jorge macht Kaffee mit der Kaffeemaschine. Er isst seinen Imbiss und trinkt Kaffee. Jetzt gibt es keine Schlange mehr vor seinem Büro. Jorge kann nach Hause gehen. Er geht auf die Straße. Es ist so gut heute! Jorge geht nach Hause. Er nimmt seine Kinder und geht in den Stadtpark. Dort verbringen sie eine gute Zeit.

8

Die Audiodatei

Linda quer comprar um novo DVD

Linda will eine neue DVD kaufen

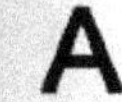 **A**

Palavras

Vokabeln

1. acerca de - über, bezüglich;
2. amigável - freundlich
3. aproximadamente - etwa, ungefähr
4. assistente de loja - der Verkäufer, die Verkäuferin
5. aventura - das Abenteuer
6. caixa - die Kiste
7. cassete de vídeo - die Videokassette
8. comprido/longo - lang
9. copo - das Glas
10. dizer - sagen
11. DVD - DVD
12. favorito - Liebling, Favorit
13. filme - der Film

14. hora - die Stunde

15. interessante - interessant

16. ir embora - weggehen

17. jovem - jung

18. loja de vídeos - die Videothek

19. mais - mehr

20. mão - hand

21. mostrar - zeigen

22. o mais - das meist

23. pedir - bitten, fragen

24. que - als; O Jorge é mais velho que a Linda. - Jorge ist älter als Linda.

25. que - dass; Eu sei que este livro é interessante. - Ich weiß, dass dieses Buch interessant ist.

26. quinze - fünfzehn

27. vinte - zwanzig

B

José e Maria são filhos de Linda. Maria é a mais nova. Ela tem cinco anos. José é quinze anos mais velho do que Maria. Ele tem vinte anos. Maria é muito mais nova que José.

Maria, Linda e José estão na cozinha.

Eles bebem chá. A chávena da Maria é grande. A chávena da Linda é maior. A chávena do José é a maior de todas.

Linda tem muitas cassetes de vídeo e DVDs com filmes interessantes. Ela quer comprar um novo filme. Ela vai para uma loja de vídeos. Há muitas caixas com cassetes de vídeo e DVDs lá. Ela

José und Maria sind Lindas Kinder. Maria ist die Jüngste. Sie ist fünf Jahre alt. José ist fünfzehn Jahre älter als Maria. Er ist zwanzig Jahre alt. Maria ist viel jünger als José.

Maria, Linda und José sind in der Küche.

Sie trinken Tee. Die Tasse von Maria ist groß. Die Tasse von Linda ist größer. Die Tasse von José ist die größte von allen.

Linda hat viele Videokassetten und DVDs mit interessanten Filmen. Sie will einen neuen Film kaufen. Sie geht in eine Videothek. Dort sind viele Kisten mit Videokassetten und DVDs. Sie

pede uma assistente de loja para ajudá-la. A assistente de loja dá algumas cassetes a Linda. Linda quer saber mais sobre esses filmes, mas a assistente de loja vai embora.

Há mais uma assistente de loja na loja e ela é mais amigável. Ela pergunta a Linda sobre os seus filmes favoritos. Linda gosta de filmes românticos e filmes de aventura. O filme "Titanic" é seu filme mais favorito. O assistente de loja mostra a Linda uma cassete com o filme mais recente de Hollywood "O Amigo Português". É acerca de aventuras amorosas de um homem e uma jovem mulher, em Portugal.

Ela mostra Linda um DVD com o filme "A Firma" também. A assistente de loja diz que o filme "A Firma" é um dos filmes mais interessantes. E é um dos filmes mais longos também. É mais do que três horas de duração. Linda gosta de filmes mais longos. Ela diz que "Titanic" é o mais interessante e o mais longo filme que ela tem. Linda compra um DVD com o filme "A Firma". Ela agradece a assistente de loja e vai embora.

bittet einen Verkäufer, ihr zu helfen. Der Verkäufer gibt Linda einige Filme. Linda will mehr über diese Filme wissen, aber der Verkäufer geht weg.

Es gibt eine weitere Verkäuferin im Laden und sie ist freundlicher. Sie fragt Linda nach ihren Lieblingsfilmen. Linda mag romantische Filme und Abenteuerfilme. Der Film ‚Titanic' ist ihr Lieblingsfilm. Die Verkäuferin zeigt Linda eine Kassette mit dem neusten Hollywoodfilm 'Der portugiesische Freund'. Er ist über die (handelt von den) romantischen Abenteuer eines Mannes und einer jungen Frau in Portugal.

Sie zeigt Linda auch eine DVD mit dem Film ‚Die Firma'. Die Verkäuferin sagt, dass der Film ‚Die Firma' einer der interessantesten Filme ist. Und er ist auch einer der längsten Filme. Er dauert mehr als drei Stunden. Linda mag längere Filme. Sie sagt, dass ‚Titanic' der interessanteste und der längste Film ist, den sie hat. Linda kauft die DVD mit dem Film 'Die Firma'. Sie bedankt sich bei der Verkäuferin und geht.

9

Die Audiodatei

Kazuki ouve canções alemãs

Kazuki hört deutsche Musik

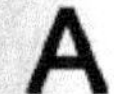

A

Palavras

Vokabeln

1. antes/ à frente de - vor
2. cabeça - der Kopf; chefe/patrão - Chef, Arbeitgeber;
3. cantar - singen; cantor - der Sänger
4. chapéu - der Hut
5. começar - anfangen
6. correr - rennen, joggen, laufen
7. dia - der Tag
8. dirigir-se a - ansprechen
9. dormitórios - die Schlafzimmer
10. envergonhar-se - sich schämen; ele está envergonhado - er schämt sich

11. família - die Familie

12. fora de serviço - außer Betrieb

13. frase - der Satz

14. manteiga - die Butter

15. minuto - die Minute

16. mochila - der Rucksack

17. muito - sehr

18. nome - der Name; citar - nennen / zitieren

19. pão - das Brot

20. perto - in der Nähe, nah

21. porque - weil

22. saltar - springen; salto - der Sprung

23. simples - einfach

24. telefonar - anrufen; chamar - rufen; centro de chamadas - das Callcenter

25. telefone - das Telefon; telefonar - telefonieren

26. todos/cada - alle/jeder, jede, jedes

B

A Carol é estudante. Ela tem 20 anos de idade. Carol é de Espanha. Ela mora no dormitório estudantil. Ela é uma rapariga muito bonita. Carol tem um vestido azul. Tem um chapéu na cabeça.

Carol quer telefonar a sua família hoje. Ela vai para o centro de chamadas porque seu telefone está fora de serviço. O centro de chamadas é em frente ao café. Carol telefona a sua família. Ela fala com a sua mae e seu pai. A chamada leva aproximadamente cinco minutos. Em seguida, ela telefona sua amiga Angela. Esta chamada leva cerca de três minutos.

Carol ist Studentin. Sie ist zwanzig Jahre alt. Carol ist aus Spanien. Sie wohnt im Studentenwohnheim. Sie ist ein sehr hübsches Mädchen. Carol hat ein blaues Kleid an. Auf dem Kopf hat sie einen Hut.

Carol will heute ihre Familie anrufen. Sie geht ins Callcenter, weil ihr Telefon außer Betrieb ist. Das Callcenter ist vor dem Café. Carol telefoniert mit ihrer Familie. Sie spricht mit ihrer Mutter und ihrem Vater. Der Anruf dauert etwa fünf Minuten. Anschließend ruft sie ihre Freundin Angela an. Dieser Anruf dauert etwa drei Minuten.

Robert gosta de desporto. Ele corre todas as manhãs no parque perto dos dormitórios. Ele corre hoje também. Ele salta também. Os seus saltos são muito longos. Kazuki e José correm e saltam com Robert. Os saltos do José são mais longos. Os saltos do Kazuki são os mais longos de todos. Ele salta melhor que todos. A seguir, Robert e Kazuki correm para os dormitórios e José corre para casa.

Robert toma o seu pequeno-almoço no seu quarto. Ele pega no pão e na manteiga. Ele faz um café com a máquina de café. A seguir ele põe a manteiga no pão e come.

Robert vive nos dormitórios no Porto. O seu quarto é perto do quarto de Kazuki. O quarto de Robert não é grande. É limpo, porque Robert limpa-o todos os dias. Há uma mesa, uma cama, algumas cadeiras e mais alguma mobilia no seu quarto. Os livros e bloco de notas do Robert estão sobre a mesa. A sua mochila está debaixo da mesa. As cadeiras estão na mesa. Robert leva alguns CDs na mão e vai para Kazuki porque Kazuki quer ouvir a música alemã.

Robert mag Sport. Er läuft jeden Morgen im Park in der Nähe des Studentenwohnheims. Heute läuft er auch. Er springt auch. Seine Sprünge sind sehr weit. Kazuki und José laufen und springen mit Robert. Josés Sprünge sind weiter. Kazukis Sprünge sind am weitesten. Er springt am besten von allen. Anschließend laufen Robert und Kazuki zum Studentenwohnheim und José läuft nach Hause.

Robert frühstückt in seinem Zimmer. Er nimmt Brot und Butter. Er macht Kaffee mit der Kaffeemaschine. Dann bestreicht er das Brot mit Butter und isst.

Robert wohnt in den Schlafsälen in Porto. Sein Zimmer ist in der Nähe von Kazukis Zimmer. Roberts Zimmer ist nicht groß. Es ist sauber, weil Robert es jeden Tag sauber macht. In seinem Zimmer stehen ein Tisch, ein Bett, ein paar Stühle und ein paar andere Möbel. Roberts Bücher und Notizbücher sind auf dem Tisch. Sein Rucksack ist unter dem Tisch. Die Stühle stehen am Tisch. Robert nimmt ein paar CDs in die Hand und geht zu Kazukis Zimmer, weil

Kazuki está á mesa no seu
quarto. O seu gato está debaixo da
mesa. Há um pouco de pão à frente
do gato. O gato come o pão. Robert
dá os CDs a Kazuki. Há da melhor
música alemã nos CDs. Kazuki quer
saber os nomes dos cantores
alemães também. Robert cita os
nomes dos seus cantores favoritos.
Ele cita Jan Delay, Nena e Herbert
Grönemeyer. Estes nomes são
novos para Kazuki.

Ele ouve os CDs e em seguida,
começa a cantar as canções alemãs!
Ele gosta muito destas músicas.
Kazuki pede a Robert para escrever
as letras das canções. Robert
escreve as letras das melhores
canções americanas para Kazuki.
Kazuki diz que quer aprender as
letras de algumas canções e pede
Robert para ajudar. Robert ajuda
Kazuki a aprender as palavras
alemãs. Demora muito tempo
porque Robert não sabe falar bem o
português. Robert está
envergonhado. Ele não sabe dizer
algumas frases simples! Então,
Robert vai para o quarto e aprende
português.

Kazuki deutsche Musik hören will.

Kazuki ist in seinem Zimmer
am Tisch. Seine Katze ist unter dem
Tisch. Vor der Katze liegt etwas
Brot. Die Katze isst das Brot.
Robert gibt die CDs Kazuki. Auf den
CDs ist die beste deutsche Musik.
Kazuki will auch die Namen der
deutschen Sänger wissen. Robert
nennt seine Lieblingssänger. Er
nennt Jan Delay, Nena und Herbert
Grönemeyer. Diese Namen sind
neu für Kazuki.

Er hört die CDs an und danach
beginnt er, die deutschen Lieder zu
singen! Ihm gefallen die Lieder
sehr. Kazuki bittet Robert, den Text
der Lieder aufzuschreiben. Robert
schreibt die Texte der besten
amerikanischen Lieder für Kazuki
auf. Kazuki sagt, dass er die Texte
von ein paar Liedern lernen will,
und bittet Robert um Hilfe. Robert
hilft Kazuki, die deutschen Wörter
zu lernen. Es dauert sehr lange
Zeit, weil Robert nicht gut
Portugiesisch spricht. Robert
schämt sich. Er kann nicht einmal
ein paar einfache Sätze sagen!
Dann geht Robert in sein Zimmer
und lernt Portugiesisch.

10

Die Audiodatei

Kazuki compra livros de texto sobre design

Kazuki kauft Lehrbücher über Design

A

Palavras

Vokabeln

1. adeus - tschüss
2. algum/alguma - irgendwelche; algum de/alguma de - irgendwelche von
3. bom - gut
4. custar - kosten
5. design - das Design
6. ele - er
7. eles - sie
8. escolher - wählen, aussuchen
9. estudar - studieren
10. euro - Euro
11. explicar - erklären
12. fotografia - das Foto
13. género, tipo - die Art
14. lição - die Aufgabe, Lektion
15. língua/idioma - die Sprache

16. livro (de texto) - Buch
(Lehrbuch, Schulbuch)
17. nativo/lingua nativa -
Einheimische/Muttersprache
18. olá - hallo
19. olhar - schauen, betrachten
20. pagar - zahlen
21. perto de, próximo - nah

22. programa - das Programm
23. realmente/muito -
wirklich/sehr, viel
24. sábado - der Samstag
25. Somente, só - nur
26. universidade- die Universität,
die Uni
27. ver - sehen

B

Kazuki é japonês e japonês é sua língua nativa. Ele estuda na Universidade de Design, no Porto.

Hoje é sábado e Kazuki tem muito tempo livre. Ele quer comprar alguns livros sobre design. Ele vai até a livraria mais próxima. Eles podem ter alguns livros sobre design. Ele entra na loja e olha para as mesas com livros. Uma mulher vem ter com o Kazuki. Ela é a assistente de loja.

"Olá. Posso ajudá-lo?" A assistente de loja pergunta.

"Olá," diz Kazuki, "Eu estudo design na universidade. Preciso de alguns livros. Você tem algum livros sobre design?" Kazuki pergunta-lhe.

"Que tipo de design? Temos

Kazuki ist Japaner und seine Muttersprache ist Japanisch. Er studiert an der Universität für Design in Porto.

Heute ist Samstag und Kazuki hat viel Freizeit. Er will ein paar Bücher über Design kaufen. Er geht zu dem am nächsten gelegenen Buchladen. Sie könnten einige Fachbücher über Design haben. Er kommt in den Laden und schaut zu den Tischen mit Büchern. Eine Frau kommt zu Kazuki. Sie ist Verkäuferin.

„Hallo, kann ich Ihnen helfen?", fragt ihn die Verkäuferin.

„Hallo", sagt Kazuki. „Ich studiere Design an der Universität. Ich brauche ein paar Bücher. Haben Sie einige Bücher über Design?", fragt Kazuki.

„Welche Art von Design? Wir

alguns livros sobre design de mobiliário, design de carros, design de desporto, design de internet," ela explica-lhe.

"Você pode mostrar-me alguns livros sobre design de mobiliário e design de internet?" Kazuki diz a ela.

"Você pode escolher os livros nas próximas mesas. Olhe para eles. Este é um livro de mobiliário de design italiano Palatino. Este designer explica o design do mobiliario italiano. Ele explica o design de mobiliario da Europa e os EUA também. Tem umas boas fotografias lá," explica o assistente de loja.

"Vejo que existem algumas lições no livro também. Este livro é muito bom. Quanto custa?" Kazuki pergunta.

"Custa 52 euros. E com o livro você tem um CD. Existe um programa de computador para design de mobiliario no CD," disse a assistente de loja disse-lhe.

"Eu gosto realmente dele," diz Kazuki.

"Você pode ver alguns livros

haben einige Bücher über Möbeldesign, Autodesign, Sportdesign oder Internetdesign", erklärt sie ihm.

„Können Sie mir einige Bücher über Möbeldesign und Internetdesign zeigen?", sagt Kazuki zu ihr.

„Sie können sich Bücher von den nächstgelegenen Tischen aussuchen. Suchen Sie sie. Dies ist ein Buch von dem italienischen Möbeldesigner Palatino. Dieser Designer erklärt das Design italienischer Möbel. Er erklärt auch europäisches und amerikanisches Möbeldesign. Es hat einige gute Fotografien dort", erklärt die Verkäuferin.

„Ich sehe, dass das Buch auch Aufgaben enthält. Dieses Buch ist sehr gut. Wie viel kostet es?", fragt Kazuki.

„Es kostet 52 Euro. Und mit dem Buch bekommen (haben) Sie eine CD. Es gibt ein Computerprogramm für Möbeldesign", sagt die Verkäuferin ihm.

„Das gefällt mir wirklich", sagt Kazuki.

„Dort können Sie sich ein paar

sobre design de internet ali," a mulher explica-lhe, "Este livro é sobre o programa de computador Microsoft Office. E estes livros são sobre o programa de computador Flash. Olhe para este livro vermelho. É sobre o Flash e tem algumas lições interessantes. Escolha, por favor."

"Quanto custa este livro vermelho?"

Kazuki pergunta-lhe.

"Este livro, com dois CDs, custa apenas 43 euros," diz-lhe a assistente de loja.

"Eu quero comprar este livro de Palatino sobre design de mobiliário e este livro vermelho sobre o Flash. Quanto devo pagar por eles?" Kazuki pergunta.

"Você tem de pagar 95 euro por estes dois livros," a assistente de loja, diz-lhe.

Kazuki paga. A seguir ele leva os livros e os CDs.

"Adeus," diz-lhe a assistente de loja.

"Adeus," diz Kazuki e sai para a rua.

Fachbücher über Internetdesign anschauen", erklärt ihm die Frau. „Dieses Buch ist über das Computerprogramm Microsoft Office. Und diese Bücher sind über das Computerprogramm Flash. Schauen Sie sich dieses rote Buch an. Es ist über Flash und es enthält einige interessante Lektionen. Bitte wählen Sie."

„Wie viel kostet das rote Buch?", fragt Kazuki sie.

„Dieses Buch mit zwei CDs kostet nur 43 Euro", sagt ihm die Verkäuferin.

„Ich möchte das Buch von Palatino über Möbeldesign und das rote Buch über Flash kaufen. Wie viel muss ich für sie bezahlen?", fragt Kazuki.

„Sie müssen 95 Euro für diese zwei Bücher bezahlen", sagt ihm die Verkäuferin.

Kazuki zahlt. Dann nimmt er die Bücher und die CDs.

„Tschüss", sagt die Verkäuferin zu ihm.

„Tschüss", sagt Kazuki und geht hinaus auf die Straße.

11

Die Audiodatei

Robert quer ganhar algum dinheiro (parte 1)
Robert will ein bisschen Geld verdienen (Teil 1)

 **A**

Palavras
Vokabeln

1. a continuar - Fortsetzung folgt
2. acabar, finalizar - beenden
3. caixa - die Kiste, der Kasten
4. camião - der Lastwagen
5. carregar - beladen; carregador - Ladegerät, (Lasten-)Träger
6. como/desde - wie, weil, als/seit
7. departamento de pessoal - die Personalabteilung
8. depois - danach, dann, später
9. dia - der Tag; diariamente - täglich, jeden Tag
10. duro - schwer, hart
11. é por isso - deshalb
12. energia - die Energie

13. entender/compreender - verstehen
14. ganhar/receber - verdienen /erhalten,bekommen; Eu ganho 10 euros por hora. - Ich verdiene zehn Euro pro Stunde.
15. habitual - gewöhnlich, gewohnt; habitualmente - normalerweise
16. hora - die Stunde; por hora - in der Stunde
17. horas - Uhr; São duas horas. - Es ist zwei Uhr.
18. lista - die Liste
19. mais um - noch einen
20. melhor - besser
21. nota - die Notiz
22. número - die Nummer
23. ok, bem - gut, alles klar
24. parte - der Teil
25. porquê? - warum? wieso?
26. rápidamente - schnell (Adverb)
27. rápido - schnell
28. resposta - die Antwort, responder - antworten
29. transporte - der Transport

B

Robert tem tempo livre diariamente após a universidade. Ele quer ganhar algum dinheiro. Ele dirige-se a uma agência de emprego. Eles dão-lhe o endereço de uma empresa de transportes. A empresa de transportes Rápido precisa de um carregador. Este trabalho é realmente difícil. Mas eles pagam 11 euros por hora. Robert quer fazer este trabalho. A seguir ele vai para o escritório da empresa de transportes.

"Olá. Eu tenho uma nota para

Robert hat täglich nach der Universität Freizeit. Er will ein bisschen Geld verdienen. Er geht in eine Arbeitsvermittlung. Sie geben ihm die Adresse einer Transportfirma. Die Transportfirma Rapid braucht einen Verlader. Diese Arbeit ist wirklich schwer. Aber sie bezahlen 11 Euro pro Stunde. Robert will die Arbeit machen. Daraufhin geht er zum Büro der Transportfirma.

„Hallo. Ich habe eine Notiz für

você de uma agência de emprego," Robert diz a uma mulher no departamento pessoal da empresa. Ele dá-lhe a nota.

"Olá," a mulher diz, "Meu nome é Virgínia Lopes. Eu sou o chefe do departamento de pessoal. Qual é seu nome?"

"Meu nome é Robert Genscher," diz Robert.

"E você é português?" pergunta Virginia.

"Não. Eu sou alemão," responde Robert.

"Sabes falar e ler bem o português?" Ela pergunta.

" Sim, sei," ele diz.

"Quantos anos tens?" pergunta ela.

"Eu tenho 20 anos," responde Robert.

"Você quer trabalhar na empresa de transportes como um carregador?" a chefe do departamento de pessoal pergunta.

Robert tem vergonha de dizer que ele não pode ter um trabalho melhor, porque ele não sabe falar

Sie von einer Arbeitsvermittlung", sagt Robert zu einer Frau in der Personalabteilung der Firma. Er gibt ihr die Notiz.

„Hallo", sagt die Frau. „Mein Name ist Virgínia Lopes. Ich bin die Leiterin der Personalabteilung. Wie ist Ihr Name?"

„Mein Name ist Robert Genscher", sagt Robert.

„Und Sie sind Portugiese?", fragt Virgínia.

„Nein, ich bin Deutscher", antwortet Robert.

„Können Sie gut Portugiesisch sprechen und lesen?", fragt sie.

„Ja, kann ich", sagt er.

„Wie alt sind Sie?", fragt sie.

„Ich bin zwanzig Jahre alt", antwortet Robert.

„Wollen Sie in der Transportfirma als Verlader arbeiten?", fragt ihn die Leiterin der Personalabteilung.

Robert schämt sich, zu sagen, dass er keine bessere Arbeit haben kann, weil er nicht gut Portugiesisch spricht. Dann sagt er:

bem o português. Então ele diz: "Eu quero ganhar 11 euros por hora."

"Bem-bem," diz Virginia, "A nossa empresa de transporte geralmente não tem muito trabalho de carga. Mas agora nós realmente precisamos de mais um carregador. Você pode carregar rápidamente caixas com 20 kg de carga?"

"Sim, eu posso. Eu tenho muita energia," responde Robert.

"Precisamos de um carregador diariamente por três horas. Você pode trabalhar das quatro às sete horas?" Pergunta ela.

"Sim, as minhas aulas terminam à uma da tarde," o aluno responde a ela.

"Quando é que você pode começar o trabalho?" A chefe do departamento de pessoal pergunta.

"Posso começar agora," responde Robert.

"Pois bem. Olhe para essa lista de carregamento. Existem alguns nomes de empresas e lojas na lista," explica Virginia, "Cada empresa e loja têm alguns números. São os números das caixas. E estes são os

„Ich möchte 11 Euro pro Stunde verdienen."

„Na gut", sagt Virgínia. „Normalerweise hat unsere Transportfirma nicht viel Verladearbeit. Aber gerade brauchen wir wirklich noch einen Verlader. Können Sie schnell Kisten mit zwanzig Kilogramm Ladung verladen?"

„Ja, das kann ich. Ich habe viel Energie", antwortet Robert.

„Wir brauchen einen Verlader für drei Stunden täglich. Können Sie von vier bis sieben Uhr arbeiten?", fragt sie.

„Ja, mein Unterricht endet um ein Uhr nachmittags", antwortet der Student ihr.

„Wann können Sie mit der Arbeit anfangen?", fragt die Leiterin der Personalabteilung.

„Ich kann jetzt anfangen", erwidert Robert.

„Gut. Schauen Sie sich diese Ladeliste an. Auf dieser Liste gibt es einige Namen von Firmen und Läden", erklärt Virgínia. „Jede Firma und jeder Laden hat einige Nummern. Das sind die Nummern

números dos camiões, onde você deve carregar as caixas. Os camiões entram e saem de hora em hora. Então você precisa de trabalhar rapidamente. OK?"

"OK," responde Robert, não compreendendo bem a Virginia.

"Agora, pegue nesta lista de carga e vá para a porta de carga numero três," a chefe do departamento de pessoal, diz a Robert. Robert leva a lista de carga e vai para o trabalho.

(a continuar)

der Kisten. Und das sind die Nummern der Lastwägen, auf die Sie die Kisten laden müssen. Die Lastwägen kommen und gehen stündlich. Sie müssen also schnell arbeiten. OK?"

„OK", antwortet Robert, ohne Virgínia gut zu verstehen.

„Nehmen Sie jetzt diese Ladeliste und gehen Sie zur Ladetür Nummer drei", sagt die Leiterin der Personalabteilung zu Robert. Robert nimmt die Ladeliste und geht an die Arbeit.

(Fortsetzung folgt)

12

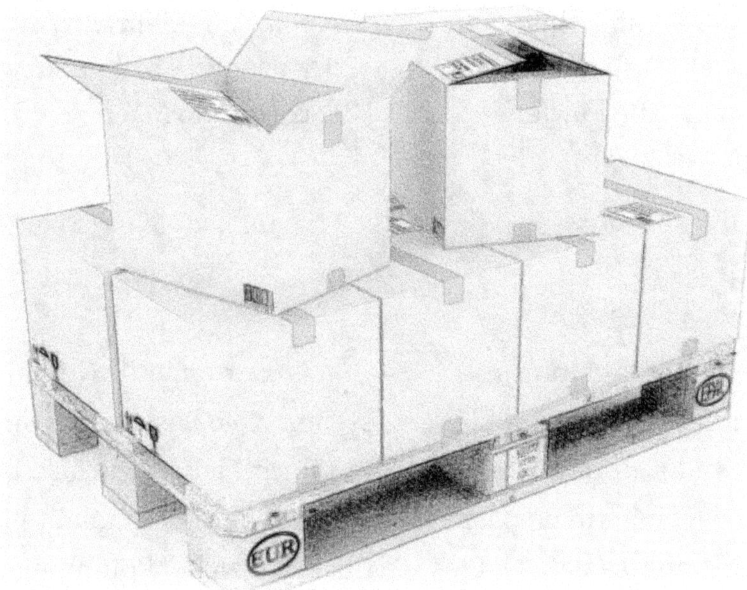

Robert quer ganhar algum dinheiro (parte 2)

Robert will ein bisschen Geld verdienen (Teil 2)

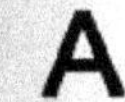 **A**

Palavras
Vokabeln

1. andar - gehen
2. aqui (um lugar) - hier (ein Ort); aqui (uma direcção) - hierher (eine Richtung/Adresse)
3. aqui está/aqui é - hier ist
4. arrepender-se - bereuen; desculpa, sinto muito. - Es tut mir leid.
5. atrás - hinter
6. condutor - der Fahrer
7. conduzir - fahren
8. conhecer - treffen, kennenlernen
9. correctamente - richtig; incorrectamente - falsch
10. correcto - richtig

11. corrigir - korrigieren
12. deles - ihr
13. em vez de - anstelle von; em vez de ti - an deiner Stelle
14. feliz, contente - glücklich, froh
15. filho - der Sohn
16. levantar- se - aufstehen; levanta-te! - Steh auf!
17. mãe - Mama, die Mutter
18. mau/mal - schlecht
19. odiar - hassen
20. professor/professora - der Lehrer/die Lehrerin
21. razão - der Grund
22. Segunda-feira - Montag
23. senhor, Sr. - Herr, Hr.
24. teu/seu - dein/Ihr(e)
25. trazendo - bringend
26. trazer - bringen

 B

Existem muitos camiões à porta de carga número três. Eles voltam trazendo as suas cargas. A chefe do departamento de pessoal e o chefe da empresa vêm lá. Eles vêm ter com o Robert. Robert carrega as caixas num camião. Ele trabalha rápidamente.

"Ei, Robert! Por favor, venha cá," Virgínia chama, "Este é o chefe da empresa, o Sr. Lobo."

"Fico feliz em conhecê-lo," diz Robert aproximando-se deles.

"Eu também," o Sr. Lobo responde, "Onde está a sua lista de carga?"

"Aqui está," Robert da-lhe a

An der Ladetür Nummer 3 stehen viele Lastwagen. Sie kehren mit ihrer Ladung zurück. Die Leiterin der Personalabteilung und der Firmenchef kommen dorthin. Sie kommen zu Robert. Robert lädt die Kisten in einen Lastwagen. Er arbeitet schnell.

„Hey Robert! Komm bitte hierher", ruft Virgínia. „Das ist der Chef der Firma, Herr Lobo."

„Es freut mich, Sie kennenzulernen", sagt Robert sich ihnen nähernd.

„Mich auch", antwortet Hr. Lobo. „Wo ist Ihre Ladeliste?"

„Hier ist sie", Robert gibt ihm die Ladeliste.

lista de carga.

"Bem-bem," diz Sr. Lobo procurando na lista, "Veja estes camiões. Eles vêm, trazendo de volta as suas cargas, porque você carregou as caixas incorrectamente. As caixas com os livros foram para a loja de móveis, em vez da loja de livros, as caixas com cassetes de vídeo e DVDs foram para o café em vez da loja de vídeos, e as caixas com sanduíches foram para a loja de vídeo em vez do café! É um mau trabalho! Desculpe, mas você não pode trabalhar na nossa empresa," diz Lobo e caminha de volta para o escritório.

Robert não pode carregar caixas correctamente porque ele sabe ler e compreender pouquíssimas palavras em português.Virginia olha para ele. Robert está envergonhado.

"Robert, você pode aprender português melhor e depois voltar.

OK?" diz Virginia.

" OK," responde Robert, "Adeus Virginia."

"Adeus Robert," responde

„Na gut", sagt Hr. Lobo, während er auf die Liste schaut. „Sehen Sie diese Lastwagen. Sie bringen ihre Fracht zurück, weil Sie die Kisten falsch verladen haben. Die Kisten mit Büchern gingen zu einem Möbelladen anstatt zu einem Buchladen, die Kisten mit Videos und DVDs gingen zu einem Café anstatt zu einer Videothek und die Kisten mit Sandwiches gingen zu einer Videoladen anstatt zu einem Café! Das ist eine schlechte Arbeit! Es tut mir leid, aber Sie können nicht in unserer Firma arbeiten", sagt Hr. Lobo und geht zurück in das Büro.

Robert kann die Kisten nicht richtig verladen, weil er nur sehr wenig Worte in Portugiesisch lesen und verstehen kann. Virgínia sieht ihn an. Robert schämt sich.

„Robert, Sie können besser Portugiesisch lernen und dann zurückkommen, ok?", sagt Virgínia.

„Ok", antwortet Robert. „Tschüss Virgínia".

„Tschüss Robert", antwortet Virgínia.

Virginia.

Robert caminha para casa. Ele agora quer aprender português melhor e depois arranjar um novo emprego.

Está na hora de ir para a universidade

É segunda-feira de manhã, uma mãe entra no quarto para acordar seu filho.

"Levanta-te, são sete horas. Está na hora de ir para universidade!"

"Mas porquê, mãe? Eu não quero ir."

"Dá-me duas razões porque não queres ir," disse a mãe ao filho.

"Primeiro os estudantes odeiam-me, segundo os professores também me odeiam!"

"Oh, essas não são razões para não ir à Universidade. Levanta-te!"

"Está bem. Dá-me duas razões porque tenho de ir à Universidade," ele diz à sua mãe.

"Bem, primero tens 55 anos. E segundo, tu és o Director da Universidade! Levanta-te já!"

Robert geht nach Hause. Er will jetzt besser Portugiesisch lernen und sich dann eine neue Anstellung besorgen.

Es ist an der Zeit, in die Uni zu gehen

Es ist Montagmorgen, eine Mutter kommt ins Zimmer, um ihren Sohn aufzuwecken.

„Steh auf, es ist sieben Uhr. Es ist an der Zeit, in die Uni zu gehen!"

„Aber warum, Mama? Ich will nicht gehen."

„Gib mir zwei Gründe, warum du nicht gehen willst", sagt die Mutter zu ihrem Sohn.

„Erstens die Studenten hassen mich, zweitens die Lehrer hassen mich auch!"

„Oh, das sind keine Gründe, um nicht in die Uni zu gehen. Steh auf!"

„Gut. Gib mir zwei Gründe, warum ich in die Universität muss", sagt er zu seiner Mutter.

„Gut, erstens, weil du 55 Jahre alt bist. Und zweitens, bist du der Direktor der Universität! Steh jetzt auf!"

Fortgeschrittene Anfänger
Stufe A2

13

Die Audiodatei

O nome do hotel

Der Name des Hotels

 **A**

Palavras

1. a seguir/em seguida - danach, anschließend
2. à volta - herum
3. abrir - öffnen
4. agora - jetzt, zurzeit, gerade
5. anúncio - Anzeige, Inserat, Bekanntmachung
6. atravessar, cruzar - hindurchschreiten, überqueren
7. baixo - unten, klein, niedrig, leise
8. caminhar - gehen
9. caminho - der Weg
10. cansado - müde
11. chateado/com raiva - verärgert / wütend
12. dormir - schlafen
13. elevador - der Aufzug
14. encontrar - finden
15. final - Schluß
16. fora - draußen
17. fora de - außerhalb von
18. já - schon, sofort
19. lago - der See
20. levantar-se - aufstehen

21. longe - weit weg
22. melhor - besser (der/die Beste)
23. mostrar - zeigen
24. noite - die Nacht
25. outra vez - wieder, nochmal
26. outro - anderer, andere, anderes
27. parar - anhalten
28. passado - vorbei, Vergangenheit
29. pé - der Fuß; a pé - zu Fuß
30. Polónia - Polen

31. ponte - die Brücke
32. sorriso - das Lächeln; sorrir - lächeln
33. surprender - überraschen
34. surprendido - überrascht, verwundert
35. surpresa - die Überraschung
36. tarde - spät, Nachmittag
37. táxi - das Taxi; taxista - der Taxifahrer
38. tonto - dumm, töricht, schwindlig
39. ver - sehen

# B

Este é um estudante. O seu nome é Kasper. Kasper é da Polónia. Ele não sabe falar português. Ele quer aprender português numa universidade em Portugal. Kasper vive num hotel no Porto.

Ele está no seu quarto agora. Ele olha para o mapa. Este mapa é muito bom. Kasper vê as ruas, as praças e as lojas no mapa. Ele sai do quarto e atravessa um longo corredor até ao elevador. O elevador leva-o para baixo. Kasper atravessa o corredor

Das ist ein Student. Sein Name ist Kasper. Kasper ist aus Polen. Er kann kein Portugiesisch sprechen. Er will an einer Universität in Portugal Portugiesisch lernen. Kasper wohnt in einem Hotel in Porto.

Jetzt ist er in seinem Zimmer. Er schaut auf die Karte. Diese Karte ist sehr gut. Kasper sieht Straßen, Plätze und Läden auf der Karte. Er verlässt das Zimmer und durchquert den langen Gang zum Aufzug. Der Aufzug bringt ihn nach unten. Kasper durchquert den großen Flur und

grande e sai do hotel. Ele pára perto do hotel e escreve o nome do hotel no seu carderno.

Há uma praça redonda e um lago no hotel. Kasper atravessa a praça até ao lago. Ele anda a volta do lago até à ponte. Tantos carros, camiões e pessoas passam sob a ponte. Então ele anda ao longo da estrada até ao centro da cidade. Ele passa muitos edificios bonitos.

Já é tarde. Kasper está cansado e quer voltar para o hotel. Ele pára um táxi, depois abre o bloco de notas e mostra o nome do hotel ao taxista. O taxista olha para o bloco de notas, sorri e vai-se embora. Kasper não consegue perceber. Ele pára e olha para o caderno. Então ele pára outro táxi e mostra o nome do hotel ao taxista outra vez. O taxista olha para o bloco de notas. Depois olha para o Kasper, sorri e também vai-se embora.

Kasper fica surpreendido. Ele pára outro táxi. Mas esse táxi também se foi embora. Kasper não consegue compreender. Ele está supreso e furioso. Mas ele

verlässt das Hotel. Er hält in der Nähe des Hotels an und schreibt den Namen des Hotels in sein Notizbuch.

Beim Hotel gibt es einen runden Platz und einen See. Kasper überquert den Platz bis zum See. Er geht um den See herum bis zur Brücke. Viele Autos, Lastwägen und Menschen überqueren die Brücke. Dann geht er eine Straße entlang bis zum Stadtzentrum. Er passiert viele schöne Gebäuden.

Es ist schon spät. Kasper ist müde und will zurück ins Hotel. Er hält ein Taxi an, öffnet dann sein Notizbuch und zeigt dem Taxifahrer den Namen des Hotels. Der Taxifahrer schaut in das Notizbuch, lächelt und fährt weg. Kasper kann es nicht begreifen. Er bleibt sehen und schaut in sein Notizbuch. Dann hält er ein anderes Taxi an und zeigt dem Taxifahrer wieder den Namen des Hotels. Der Fahrer schaut in das Notizbuch. Danach schaut er Kasper an, lächelt und fährt auch weg.

Kasper ist verwundert. Er hält ein anderes Taxi an. Aber auch dieser Taxifahrer fährt weg. Kasper kann das nicht verstehen. Er ist verwundert und wütend. Aber er ist

não é tolo. Ele abre o mapa e encontra o caminho para o hotel. Ele caminha até ao hotel.

É de noite. Kasper está na sua cama. Ele dorme. As estrelas olham dentro do quarto através da janela. O bloco de notas está sobre a mesa. Está aberta. "Ford é o melhor carro". Este não é o nome do hotel. Isto é uma publicidade no edificio do hotel.

nicht dumm. Er öffnet seine Karte und findet den Weg zum Hotel. Er geht zu Fuß zum Hotel.

Es ist Nacht. Kasper ist in seinem Bett. Er schläft. Die Sterne schauen durch das Fenster ins Zimmer. Das Notizbuch liegt auf dem Tisch. Es ist offen. „Ford ist das beste Auto". Das ist nicht der Name des Hotels. Das ist eine Werbung am Hotelgebäude.

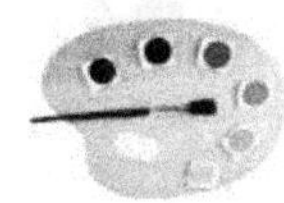

14

Die Audiodatei

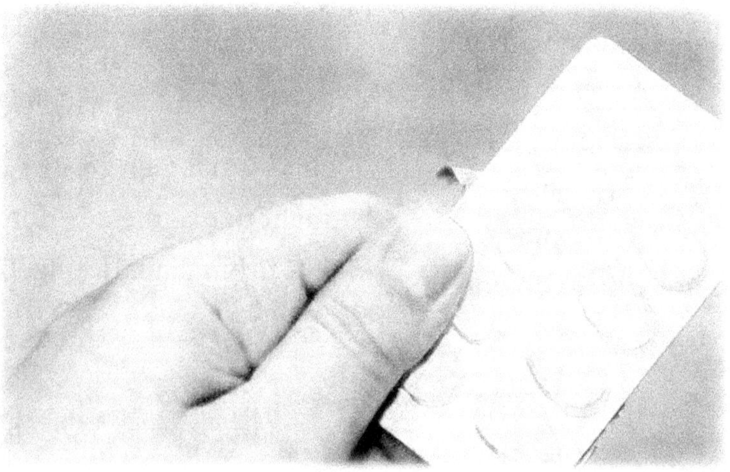

Aspirina

Aspirin

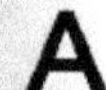 **A**

Palavras

1. algo - etwas
2. algum/alguma - einige
3. aquilo/aquele/aquela - jenes/jene
4. assentar-se - sich hinsetzen
5. branco/branca - weiß
6. chegar a - ankommen an
7. claro - natürlich, klar
8. classe - Klasse, Unterricht
9. comprimido - die Tablette
10. cristal - das Kristall
11. dez - zehn
12. dormitórios - die Schlafzimmer
13. durar - dauern
14. exame aprovado - bestandene Prüfung
15. exame, teste - die Prüfung
16. examinar, aprovar - prüfen
17. farmácia - die Apotheke
18. folha (de papel) - das Blatt
19. grisalho - grauhaarig
20. há uma hora - vor einer Stunde

21. inteligente - intelligent

22. mal cheiroso - stinken

23. maravilhoso - wunderbar

24. médio - halb, medium

25. numa hora - in einer Stunde

26. obter, conseguir - (etwas) erhalten

27. papel - das Papier

28. para - für

29. passado - nach; às oito e meia - um halb neun

30. passar - passieren, bestehen

31. pensar - denken

32. por isso - deshalb, somit

33. produtos químicos- die Chemikalien

34. química - die Chemie

35. químico - chemisch

36. rapaz - der Junge

37. recesso, pausa - die Pause

38. relógio - die Uhr

39. secretária (mesa) - der Schreibtisch

40. tarefa - die Aufgabe

41. tentar - versuchen

42. último/ passado - der Letzte

43. várias vezes - oft

B

Este é um amigo do Robert. Seu nome é Kazuki. Kazuki é do Japão. Sua lingua nativa é o Japonês. Ele sabe falar portugês muito bem também. Kazuki vive nos dormitorios. Kazuki está no seu quarto agora. Kazuki tem um teste de química hoje. Ele olha para o relógio. São oito horas. São horas de ir.

Kazuki sai para fora. Ela vai para a universidade. A universidade é perto dos dormitorios. Ele leva cerca de dez

Das ist ein Freund von Robert. Sein Name ist Kazuki. Kazuki ist aus Japan. Seine Muttersprache ist Japanisch. Er kann auch sehr gut Portugiesisch sprechen. Kazuki wohnt in den Schlafsälen. Kazuki ist gerade in seinem Zimmer. Kazuki hat heute eine Chemieprüfung. Er schaut auf die Uhr. Es ist acht Uhr. Es ist Zeit zu gehen.

Kazuki geht nach draußen. Er geht zur Universität. Die Uni ist in der Nähe der Schlafsäle. Er braucht etwa zehn Minuten um die

minutos para chegar ao colégio. Kazuki chega à sala de química. Ele abre a porta e olha dentro da sala de aula. Estão lá alguns alunos e o professor. Kazuki entra na sala.

"Olá," diz ele.

"Olá," respondem os alunos e o professor.

Kazuki vai até à sua mesa e senta-se. O teste de química começa às oito e meia. O professor vem para a mesa do Kazuki.

"Aqui está a tua tarefa," disse o professor. Em seguida dá uma folha de papel com a tarefa ao Kazuki, "Tens de fazer aspirina. Podes trabalhar das oito e meia às doze horas. Começa por favor," o professor diz.

Kazuki sabe esta tarefa. Ele pega em alguns químicos e começa. Ele trabalha por dez minutos. Por fim ele obtém algo cinzento e mal-cheiroso. Esta não é uma boa aspirina. Kazuki sabe que ele tem de obter cristais de aspirina grandes e brancos. Então ele tenta outra vez e outra vez. Kazuki trabalha por mais uma hora mas ele obtém algo cinzento

Universität zu erreichen. Kazuki kommt in den Chemiesaal. Er öffnet die Tür und schaut ins Klassenzimmer. Einige Studenten und der Lehrer sind da. Kazuki betritt das Zimmer.

„Hallo", sagt er.

„Hallo", antworten die Studenten und der Lehrer.

Kazuki geht zu seinem Schreibtisch und setzt sich hin. Die Chemieprüfung beginnt um halb neun. Der Lehrer kommt zu Kazukis Tisch.

„Hier ist deine Aufgabe", sagt der Lehrer. Dann gibt er Kazuki ein Blatt Papier mit der Aufgabe. „Du musst Aspirin herstellen. Du kannst von halb neun bis zwölf Uhr arbeiten. Fang bitte an", sagt der Lehrer.

Kazuki weiß, wie diese Aufgabe geht. Er nimmt einige Chemikalien und beginnt. Er arbeitet zehn Minuten lang. Schließlich erhält er etwas, das grau ist und stinkt. Das ist kein gutes Aspirin. Kazuki weiß, dass er große, weiße Aspirinkristalle erhalten muss. Dann versucht er es wieder und wieder. Kazuki arbeitet eine weitere Stunde, aber er erhält wieder etwas graues

e mal-cheiroso novamente.

Kazuki está furioso e cansado. Ele não compreende. Ele pára e pensa um pouco. Kazuki é um rapaz esperto. Ele pensa por um minuto e então encontra a resposta. Ele levanta-se.

"Posso fazer um intervalo de 10 minutos?" Kazuki pergunta ao professor.

"Claro que podes," responde o professor.

Kazuki sai para fora. Ele encontra uma farmacia perto da universidade. Ele entra e compra alguns comprimidos de aspirina. Em dez minutos ele volta para a sala de aula. Os alunos estão sentados e trabalham. Kazuki senta-se.

"Posso acabar o teste?" Kazuki diz ao professor em cinco minutos.

O professor vai à mesa do Kazuki. Ele vê cristais de aspirina grandes e brancos. O professor pára em supresa. Ele pára e olha para a aspirina por um minuto.

"É maravilloso! A tua aspirina é tão boa! Mas eu não consigo

und stinkendes.

Kazuki ist wütend und müde. Er versteht es nicht. Er macht eine Pause und denkt ein bisschen nach. Kazuki ist ein intelligenter Junge. Er denkt eine Minute nach und findet dann die Antwort! Er steht auf.

„Kann ich 10 Minuten Pause machen?", fragt Kazuki den Lehrer.

„Klar, kannst du", antwortet der Lehrer.

Kazuki geht nach draußen. Er findet eine Apotheke in der Nähe der Universität. Er geht hinein und kauft ein paar Tabletten Aspirin. Nach zehn Minuten kommt er zurück ins Klassenzimmer. Die Studenten sitzen da und arbeiten. Kazuki setzt sich hin.

„Kann ich die Prüfung beenden?", fragt Kazuki den Lehrer nach fünf Minuten.

Der Lehrer geht an Kazukis Tisch. Er sieht große und weiße Aspirinkristalle. Der Lehrer verharrt überrascht. Er bleibt stehen und schaut eine Minute auf das Aspirin.

„Wunderbar! Dein Aspirin ist so gut! Aber ich kann das nicht

compreender! Eu varias vezes tento obter aspirina e obtenho algo cinzento e mal-cheiroso," diz o professor, "Tu passaste no teste," ele diz.

Kazuki vai se embora depois do teste. O professor vê algo branco na mesa do Kazuki. Ele vem à mesa e encontra o papel dos comprimidos de aspirina.

"Rapaz esperto. Ok, Kazuki. Agora tens um problema," diz o professor.

verstehen! Ich versuche oft, Aspirin herzustellen, und erhalte etwas graues und stinkendes", sagt der Lehrer. „Du hast die Prüfung bestanden".

Kazuki geht nach der Prüfung weg. Der Lehrer sieht etwas Weißes auf Kazukis Tisch. Er geht zum Tisch und findet das Papier der Aspirintabletten.

„Intelligenter Junge. Ok, Kazuki, jetzt hast du ein Problem", sagt der Lehrer.

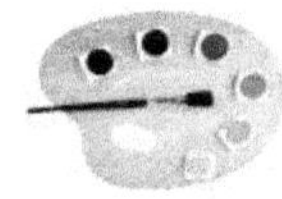

15

Die Audiodatei

Maria e o canguru

Maria und das Känguru

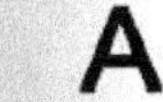

A

Palavras

1. água - das Wasser
2. ano - das Jahr
3. balde - der Eimer
4. bater - schlagen
5. boneca- die Puppe
6. brinquedo - das Spielzeug
7. cabelo - das Haar
8. cair - fallen
9. canguru - das Känguru
10. cauda - der Schwanz
11. chatear - ärgern
12. cheio - voll
13. contente/feliz - glücklich
14. está bem/bem - es ist gut
15. estante - das Bücherregal, das Regal
16. estudar - studieren
17. eu - mich (ich)
18. forte - stark
19. fortemente - stark (adverb)
20. gelado - das Eis
21. grita/chora - schreit/weint

22. gritar/chorar - schreien,
    rufen/ weinen
23. juntos - zusammen
24. largamente - breit (adverb)
25. largo - breit
26. leão - der Löwe
27. macaco - der Affe
28. mês - Monat
29. molhado - nass
30. nós - uns, wir
31. Oh! - Oh!
32. Oi! - Hey!
33. olímpico - Olympia
34. orelha - das Ohr
35. planear, planificar - planen
36. plano - der Plan
37. pobre - arm

38. primeiro/primeira - zuerst,
    erste
39. quando - wenn / als
40. que - was,
    welcher/welche/welches; O
    que é isto? - Was ist das? Qual
    mesa? - Welcher Tisch?
41. queda - der Fall
42. seu - sein
43. silenciosamente - leise
44. tigre - der Tiger
45. tirar/ puxar - ziehen
46. vamos - wir gehen
47. voar - fliegen
48. zebra - das Zebra
49. zoológico - der Zoo

 # B

Robert é agora um estudante. Ele estuda na universidade. Ele estuda português. Robert vive nos dormitórios. Ele vive ao lado do Kazuki.

Robert está no seu quarto agora. Ele pega no telefone e liga ao seu amigo José.

"Olá," diz José respondendo à chamada.

Robert ist jetzt Student. Er studiert an der Universität. Er studiert Portugiesisch. Robert wohnt in den Schlafsälen. Er wohnt neben Kazuki.

Robert ist gerade in seinem Zimmer. Er nimmt sein Telefon und ruft seinen Freund José an.

„Hallo." sagt José, den Anruf beantwortend.

"Olá José. Sou o Robert. Como estás?" disse Robert.

"Olá Robert. Estou bem. Obrigado. E tu como estás?" responde José.

"Eu estou bem. Obrigado. Vou dar um passeio. Quais são os teus planos para hoje?" diz Robert.

"A minha irmã Maria pediu-me para a levar Jardim Zoológico. Vou levá-la agora. Queres ir junto?" diz José.

"Ok. Irei contigo. Onde nos encontramos?" pergunta Robert.

"Vamos nos encontrar na paragem de autocarros Olimpico. E pede ao Kazuki para vir connosco também," diz José.

"Está bem. Adeus," responde Robert.

"Até já. Adeus," diz José.

Então Robert vai ao quarto de Kazuki. Kazuki está no seu quarto.

"Olá," diz Robert.

"Oh, olá Robert. Entra por favor," diz Kazuki. Robert entra.

"José, e a sua irmã and e eu vamos ao Jardim Zoológico.

„Hallo José. Ich bin es, Robert. Wie geht's dir?", sagt Robert.

„Hallo Robert. Mir geht's gut. Danke. Und wie geht es dir?", antwortet José.

„Mir geht's gut, danke. Ich werde einen Ausflug machen. Was sind deine Pläne für heute?", sagt Robert.

„Meine Schwester Maria hat mich gebeten, sie mit in den Zoo zu nehmen. Ich werde sie jetzt mit dorthin nehmen. Willst du mit uns gehen?", sagt José.

„OK, ich werde mit dir gehen. Wo treffen wir uns?", fragt Robert.

„Wir werden uns an der Bushaltestelle Olympico treffen. Und bitte Kazuki, auch mit uns zu kommen", sagt José.

„Es ist gut. Tschüss", antwortet Robert.

„Bis gleich", sagt José.

Dann geht Robert zu Kazukis Zimmer. Kazuki ist in seinem Zimmer.

„Hallo", sagt Robert.

„Oh, hallo Robert. Komm bitte herein", sagt Kazuki. Robert tritt ein.

„José, seine Schwester und ich

Queres vir connosco?" pergunta Robert.

"Claro, eu também irei," disse Kazuki.

Robert e Kazuki caminham até à paragem de autocarros Olímpico. Eles veêm José e a sua irmã Maria lá.

A irmã do José tem só cinco anos. A irmã é uma menina pequena e cheia de energia. Ela gosta muito de animais. Mas Maria pensa que os animais são brinquedos. Os animais fogem dela porque ela os incomoda muito. Ela puxa o cauda ou a orelha, bate com a mão ou com um brinquedo. Maria tem um cão e um gato em casa. Quando a Maria está em casa o cão está debaixo da cama e o gato senta-se na estante. Para que ela não os apanhe.

Maria, José, Robert e Kazuki entram no Jardim Zoológico. Há muitos animais no Jardim Zoológico. Maria está muito feliz. Ela corre do leão para o tigre. Ela bate na zebra com a sua boneca. Ela puxa o cauda do macaco com

gehen in den Zoo. Willst du mit uns kommen?", fragt Robert.

„Natürlich ich werde auch gehen", sagt Kazuki.

Robert und Kazuki gehen bis zur Bushaltestelle Olympico. Dort sehen sie José und seine Schwester Maria.

Die Schwester von José ist erst fünf Jahre alt. Die Schwester ist ein kleines Mädchen und voller Energie. Sie mag Tiere sehr gerne. Aber Maria denkt, dass Tiere Spielzeug sind. Die Tiere flüchten vor ihr, weil sie sie sehr ärgert. Sie zieht sie am Schwanz oder am Ohr, schlägt sie mit der Hand oder mit einem Spielzeug. Zu Hause hat Maria einen Hund und eine Katze. Wenn Maria zu Hause ist, ist der Hund unter dem Bett und die Katze sitzt auf dem Bücherregal. So kann Maria sie nicht fangen.

Maria, José, Robert und Kazuki betreten den Zoo. Im Zoo gibt es sehr viele Tiere. Maria ist sehr glücklich. Sie rennt zu den Löwen und Tigern. Sie schlägt das Zebra mit ihrer Puppe. Sie zieht so stark am Schwanz eines Affen, dass alle Affen schreiend

tanta força que todos os macacos fogem a gritar. Então Maria vê o canguru. O canguru bebe agua de um balde. Maria sorri e vem para o canguru muito silenciosamente. E então...

"Oi! Canguruuu-uu-uu!!" grita Maria e puxa-lhe a cauda. O canguru olha para a Maria com os olhos bem abertos. Saltou em surpresa o balde voou pelo ar e cai em cima da Maria. Agua escorre pelo cabelo, cara e o vestido dela. Maria está toda molhada.

"Tu és um Canguru mau! Mau!" ela grita.

Algumas pessoas sorriem e outros dizem: "Pobre menina." José leva a Maria a casa.

"Tu não devias incomodar os animais," diz José e dá-lhe um gelado. Maria come o gelado.

"Está bem. Eu não brincarei mais com os animais grandes e furiosos," pensa Maria, "Eu vou brincar só com os animais pequenos." Ela está feliz de novo.

flüchten. Dann sieht Maria ein Känguruh. Das Känguru trinkt Wasser aus einem Eimer. Maria lächelt und geht leise zu dem Känguru. Und dann...

„Hey!!! Kängruu-uu-uu!!", schreit Maria und zieht es am Schwanz. Das Känguru sieht Maria mit weit aufgerissenen Augen an. Vor Schreck macht es einen Satz, der Wassereimer fliegt in die Luft und fällt auf Maria. Wasser läuft über ihr Haar, ihr Gesicht und ihr Kleid. Maria ist ganz nass.

„Du bist ein böses Känguru! Böse!", ruft sie.

Einige Leute lächeln und einige Leute sagen: „Armes Mädchen." José bringt Maria nach Hause.

„Du darfst die Tiere nicht ärgern", sagt José und gibt ihr ein Eis. Maria isst das Eis.

„Es ist gut, ich werde nicht mehr mit sehr großen und wütenden Tieren spielen", denkt Maria. „Ich werde nur noch mit kleinen Tieren spielen." Sie ist wieder glücklich.

16

Die Audiodatei

Páraquedistas

Die Fallschirmspringer

A

Palavras

1. a cair - fallend
2. acreditar - glauben
3. ah.. - ah..
4. amarelo - gelb
5. apanhar, capturar - fangen
6. ar - die Luft
7. assentar-se - sich hinsetzen
8. assento/cadeira - der Sitz/der Stuhl
9. avião - das Flugzeug
10. boneco pára-quedista estofado - die Fallschirmspringerpuppe
11. borracha - der Gummi
12. calado/silencioso - leise
13. calças - die Hosen
14. casaco - die Jacke
15. clube - der Verein
16. dar-se conta- wahrnehmen
17. dentro - in
18. depois - nach

19. empurrar - stoßen
20. equipe - die Mannschaft
21. estar vestido - angezogen sein
22. estofado - ausgestopft
23. exibição aérea - die Flugschau
24. fazer - machen
25. fechar - schließen
26. fim - über / ende
27. fora de - außerhalb
28. grande - super, toll
29. irado/furioso - wütend
30. já agora - genau jetzt
31. membro - das Mitglied
32. metal - das Metall
33. na rua - auf der Straße
34. nove - neun
35. outro - andere, andere, andere
36. papá - Papa
37. pára-quedas - der Fallschirm
38. pára-quedistas - der
    Fallschirmspringer
39. parte - der Teil
40. piloto - der Pilot
41. preparar - vorbereiten
42. próprio/própria - eigener,
    eigene, eigenes
43. público, audiência - das
    Publikum
44. real - wirklich
45. sair de - aussteigen
46. salvar - retten
47. se (condicional) - ob / wenn
48. ser/estar - sein
49. silenciosamente - leise
    (adverb)
50. sómente/exacto - nur/genau
51. tecto - das Dach
52. terra - Land; aterrar - landen
53. treinar - trainieren; treinado -
    trainiert
54. truque - der Trick
55. vermelho - rot
56. vestido/vestida - das
    Kleid/verkleidet
57. vestir-se - sich anziehen
58. vida - das Leben; manobra de
    salvamento - das
    Rettungsmanöver

B

É de manhã. Robert vem ao quarto de Kazuki. Kazuki está sentado à mesa e escreve algo. O gato do Kazuki, Favorito, está na

Es ist Morgen. Robert kommt in Kazukis Zimmer. Kazuki sitzt am Tisch und schreibt etwas. Kazukis Katze Favorite ist in Kazukis Bett.

cama de Kazuki. E dorme sossegadamente.

"Posso entrar?" pergunta Robert.

"Oh Robert. Entra por favor. Como estás?" responde Kazuki.

"Bem. Obrigado. Como estás tu?" diz Robert.

"Eu estou bem. Obrigado. Senta-te, por favor," Kazuki responde.

Robert senta-se numa cadeira.

"Tu sabes que eu sou membro de um clube de paraquedismo. Hoje vamos fazer uma exibição aérea," diz Robert, "Vou fazer uns saltos lá."

"É muito interessante," Kazuki responde, "Talvez vá ver a exibição aérea."

"Se quiseres posso levar-te lá e tu podes andar de avião," diz Robert.

"A sério? Isso será fantástico!" grita Kazuki, "A que horas é a exibição aérea?"

"Começa às dez horas da manhã," responde o Robert, "José

Sie schläft ruhig.

„Kann ich reinkommen?", fragt Robert.

„Oh, Robert. Komm bitte herein. Wie geht's dir?", antwortet Kazuki.

„Gut, danke. Und wie geht es dir?", sagt Robert.

„Mir geht es gut. Danke. Setz dich bitte", antwortet Kazuki.

Robert setzt sich auf einen Stuhl.

„Du weißt, dass ich Mitglied in einem Fallschirmspringerverein bin. Wir werden heute eine Flugschau machen", sagt Robert. „Ich werde ein paar Sprünge machen".

„Das ist sehr interessant", antwortet Kazuki. „Vielleicht werde ich mir die Flugschau ansehen."

„Wenn du willst, kann ich dich mitnehmen und du kannst in einem Flugzeug fliegen", sagt Robert.

„Echt? Das wäre fantastisch!", ruft Kazuki. „Um wie viel Uhr ist die Flugschau?"

„Sie fängt um zehn Uhr morgens an", antwortet Robert. „José wird

virá também. Já agora vamos precisar da tua ajuda para empurrar o boneco páraquidista estufado fora do avião. Ajudas?"

"Um boneco páraquidista estufado? Porquê?" disse Kazuki surpreendido.

"Sabes, isso faz parte da exibição," Robert diz, "Isto é manobra de salvamento. O boneco paraquedista cai. Nessa altura um paraquedista verdadeiro salta até ele, apanha-o e abre o seu próprio paraquedas. E o "homem" é salvo!"

"Magnífico!" responde Kazuki, "Eu ajudo. Vamos!"

Kazuki e Robert saem para fora. Eles vão para a paragem de autocarros Olímpico e apanham um autocarro. Eles levam apenas dez minutos até à exibição aérea. Quando saem do autocarro eles veêm o José.

"Olá José," diz Robert, "Vamos para o avião."

Eles veêm uma equipa de páraquidistas no avião. Eles dirigem-se ao chefe da equipa. O chefe de equipa está vestido com calças vermelhas e casaco

auch kommen. Schon jetzt, brauche wir deine Hilfe, eine Fallschirmspringerpuppe aus dem Flugzeug zu werfen. Hilfst du?"

„Eine Fallschirmspringerpuppe? Warum?", fragt Kazuki überrascht.

„Ach, weißt du, das macht einen Teil der Schau aus", sagt Robert. „Es ist ein Rettungsmanöver. Die Fallschirmspringerpuppe fällt herunter. In dem Moment springt ein echter Fallschirmspringer zu ihr, fängt sie und öffnet seinen eigenen Fallschirm. Der „Mann" ist gerettet!"

„Toll!", antwortet Kazuki. „Ich helfe (dabei). Gehen wir!"

Kazuki und Robert gehen nach draußen. Sie kommen zur Bushaltestelle Olympic und nehmen einen Bus. Sie brauchen nur zehn Minuten bis zur Flugschau. Als sie aus dem Bus steigen, sehen sie José.

„Hallo José", sagt Robert. „Gehen wir zum Flugzeug."

Beim Flugzeug sehen sie eine Fallschirmspringermannschaft. Sie gehen auf den Führer der Mannschaft zu. Der Führer der Mannschaft ist bekleidet mit einer

vermelho.

"Olá Jack," disse Robert, "Kazuki e José ajudarão na manobra de salvamento."

"Está bem. O boneco paraquedista está aquí," diz Jack. **Ele** dá-lhes o boneco paraquedista. O boneco paraquedista está vestido com calças vermelhas e casaco vermelho..

"Está vestido como tu," disse José sorrindo para o Jack.

"Não temos tempo de falar sobre isso," diz Jack, "Leve o para o avião."

Kazuki e José levam o boneco paraquedista para o avião. Eles tomam o assento junto ao piloto. Toda a equipa de paraquedistas menos o chefe entram no avião. Eles fecham a porta. Em cinco minutos o avião está no ar. Quando voa sobre o Porto, José vê a sua própria casa..

"Olha! A minha casa está ali!" grita José.

Kazuki olha através da janela para as ruas, praças e parques da cidade. É maravilhoso voar num

roten Hose und einer roten Jacke.

„Hallo Jack", sagt Robert. „Kazuki und José helfen beim Rettungsmanöver."

„Das ist gut. Die Fallschirmspringerpuppe ist hier", sagt Jack. Er gibt ihnen die Fallschirmspringerpuppe. Die Fallschirmspringerpuppe ist mit einer roten Hose und einer roter Jacke bekleidet.

„Sie ist wie du gekleidet", sagt José und grinst Jack an.

„Wir haben keine Zeit, darüber zu reden", sagt Jack. „Nehmt sie mit in das Flugzeug."

Kazuki und José bringen die Fallschirmspringerpuppe zum Flugzeug. Sie nehmen den Sitz beim Piloten. Die ganze Fallschirmspringermannschaft außer ihrem Führer besteigt das Flugzeug. Sie schließen die Tür. In fünf Minuten ist das Flugzeug in der Luft. Als es über Porto fliegt, sieht José sein eigenes Haus.

„Schau! Dort ist mein Haus!", ruft José.

Kazuki sieht aus dem Fenster auf Straßen, Plätze und Parks. Es ist wunderbar, in einem Flugzeug zu

avião.

"Preparem-se para saltar!" grita o piloto. Os paraquedistas levantam-se. Eles abrem a porta.

"Dez, nove, oito, sete, seis, cinco, quatro, três, dois, um. Vamos!" grita o piloto.

Os paraquedistas começam a saltar fora do avião. O público lá em baixo vê paraquedas, vermelhas, verdes, brancas, azuis e amarelas. Parecem muito bonitas. Jack, o chefe dos paraquedistas olha para cima também. Os paraquedistas voam para baixo e alguns já aterraram.

"Está bem. Bom trabalho rapazes," disse Jack e vai ao café mais próximo para beber um café.

A exibição aérea continua.

"Preparem-se para a manobra de salvamento," grita o piloto.

José e Kazuki levam o boneco até à porta.

"Dez, nove, oito, sete, seis, cinco, quatro, três, dois, um. Vamos!" grita o piloto.

Kazuki e José empurram o boneco páraquedista através da

fliegen.

„Macht euch bereit zu springen!", ruft der Pilot. Die Fallschirmspringer stehen auf. Sie öffnen die Tür.

„Zehn, neun, acht, sieben, sechs, fünf, vier, drei, zwei, eins! Los!", ruft der Pilot.

Die Fallschirmspringer beginnen, aus dem Flugzeug zu springen. Das Publikum unten sieht rote, grüne, weiße, blaue und gelbe Fallschirme. Sie sehen sehr schön aus. Jack, der Führer der Mannschaft, schaut auch nach oben. Die Fallschirmspringer fliegen nach unten und einige landen bereits.

„Das ist gut, gute Arbeit, Jungs", sagt Jack und geht in ein Café in der Nähe, um Kaffee zu trinken.

Die Flugschau geht weiter.

„Das Rettungsmanöver vorbereiten!", ruft der Pilot.

José und Kazuki bringen die Puppe zur Tür.

„Zehn, neun, acht, sieben, sechs, fünf, vier, drei, zwei, eins! Los!", ruft der Pilot.

Kazuki und José stoßen die Puppe aus der Tür. Sie fällt heraus,

porta. Ele sai mas depois pára. A sua mão de borracha fica presa numa parte de metal do avião.

"Vamos, vamos rapazes!" grita o piloto.

Os rapazes empurram o boneco com força mas não conseguem tirá-lo.

O publico em baixo vê um homem vestido de vermelho na porta do avião. Outros dois homens tentam empurrá-lo para fora. As pessoas não acreditam nos seus olhos. Continua por mais um minuto. Então o paraquedista cai. Outro paraquedista de vermelho salta fora do avião e tenta apanhá-lo. Mas não consegue. O paraquedista de vermelho cai. E cai através do telhado dentro do café. O publico olha silenciosamente. Depois as pessoas vêm um homem vestido de vermelho correr para dentro do café. O homem é Jack, o chefe da equipa de paraquesdistas. Mas o publico pensa que ele é o paraquedista que caiu. Ele olha para cima e grita furioso, " Se não consegues apanhar um homem

aber hält dann. Ihre Gummihand bleibt an einem Metallteil des Flugzeugs stecken.

„Los, auf, Jungs!", ruft der Pilot.

Die Jungs ziehen mit aller Kraft an der Puppe, aber es gelingt ihnen nicht, sie los zu ziehen.

Das Publikum unten auf dem Boden sieht einen Mann in Rot gekleidet in der Flugzeugtür. Zwei andere Männer versuchen, ihn hinauszustoßen. Die Leute trauen ihren Augen nicht. Es dauert etwa eine Minute. Dann fällt der Fallschirmspringer. Ein anderer Fallschirmspringer springt aus dem Flugzeug und versucht, ihn zu fangen. Aber er schafft es nicht. Der Fallschirmspringer in Rot fällt. Er fällt durch das Dach in das Café. Das Publikum sieht schweigend zu. Dann sehen die Leute einen in rot gekleideten Mann aus dem Café rennen. Der Mann in Rot ist Jack, der Führer der Fallschirmspingermannschaft. Aber das Publikum denkt, dass es der abgestürzte Fallschirmspringer ist. Er schaut nach oben und ruft wütend: „Wenn ihr einen Mann nicht fangen könnt, dann versucht

então não tentes!”

O publico está em silêncio..

“Papá, este homem é muito forte,” uma menina pequena diz ao pai.

“Ele é bem treinado,” responde o pai.

Depois da exibição aérea Kazuki e José vão ter com o Robert.

“Que tal foi o nosso trabalho?” pergunta José.

“Ah... Oh, muito bom. Obrigado,” responde Robert.

“Se precisares de alguma ajuda é só dizeres,” diz Kazuki.

es nicht!”

Das Publikum ist still.

„Papa, dieser Mann ist sehr stark”, sagt ein kleines Mädchen zu ihrem Vater.

„Er ist gut trainiert”, antwortet der Vater.

Nach der Flugschau gehen José und Kazuki zu Robert.

„Wie war unsere Arbeit?”, fragt José.

„Ähm...Oh, sehr gut. Danke”, antwortet Robert.

„Wenn du Hilfe brauchst, sag es nur”, sagt Kazuki.

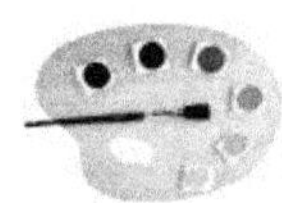

17

Desliga o gás!

Mach das Gas aus!

A

Palavras

1. aquecer - aufwärmen
2. auricular - der Telefonhörer
3. bilhete- die Fahrkarte
4. caminhar - zu Fuß gehen
5. chaleira - der Kessel
6. chamar - klingeln, anrufen
7. comboio - der Zug
8. congelar - einfrieren, erstarren
9. contar, dizer - sagen
10. cuidadoso/cuidadosa - vorsichtig, sorgfältig
11. de repente - plötzlich
12. desligar - ausmachen, abstellen
13. encher - füllen
14. então - dann
15. entretanto - in der Zwischenzeit

16. espalhar - übergreifen /
verbreiten
17. esqueceu - vergessen
18. estação - Bahnhof
19. estranho - fremd
20. fogo- das Feuer
21. gás - das Gas
22. gato/gata - Kater/Katze
23. imediatamente - sofort
24. jardim de infância - der
Kindergarten
25. ligar - anmachen
26. linha de comboio - die
Bahngleise
27. manhoso - verschlagen, schlau;
astutamente - schlau
28. momento - der Moment
29. onze - elf
30. pálido/pálida - blass
31. pé - Fuß
32. perto - in der Nähe
33. pôr em ordem - aufräumen
34. pôr horizontalmente -
waagerecht hinstellen
35. pôr verticalmente - hochkant
hinstellen
36. quarenta e quatro -
vierundvierzig
37. quem - wer
38. quente - warm, heiß
39. quilómetro - der Kilometer
40. rapidamente - schnell
41. rápido - schnell
42. secretária - die Sekretärin
43. sentir - fühlen
44. ter de - müssen
45. tocar - klingeln, berühren,
spielen (Instrument)
46. torneira - der Wasserhahn
47. tudo - alles
48. vinte - zwanzig
49. virar - drehen
50. vivendo/ a viver - wohnhaft
51. voz - die Stimme

B

São sete horas da manhã.
José e Maria dormem. A mãe
deles está na cozinha. O nome da
mãe é Linda. Linda tem quarenta
e quatro anos. Ela é uma mulher
cuidadosa. Linda limpa a cozinha

Es ist sieben Uhr morgens. José
und Maria schlafen. Ihre Mutter ist in
der Küche. Die Mutter heißt Linda.
Linda ist vierundvierzig Jahre alt. Sie
ist eine sorgfältige Frau. Linda putzt
die Küche, bevor sie zur Arbeit geht.

antes de ir trabalhar. Ela é secretária. Ela trabalha a vinte quilómetros do Porto. Linda habitualmente vai trabalhar de comboio.

Ela sai para fora. A estação de comboios é perto, então a ela caminha até lá. Ela compra o bilhete e entra no comboio. Leva cerca de vinte minutos para ir para o trabalho. Linda senta no comboio e olha pela da janela.

De repente ela pára. A chaleira! Está em cima do fogão e ela esqueceu-se de desligar o gás! José e Mari dormem. O fogo pode se espalhar pela mobilia e depois.. Linda fica pálida. Mas é uma mulher esperta e num minuto ela sabe o que fazer. Ela pede a uma mulher e um homem, sentados ao pé, para telefonar para casa e dizer ao José sobre a chaleira

Entretanto José levanta-se e vai para a cozinha. Ele tira a chaleira da mesa, enche com água e põe no fogão. Depois ele tira o pão e manteiga e faz sanduiches. Maria entra na

Sie ist Sekretärin. Sie arbeitet zwanzig Kilometer entfernt von Porto. Linda fährt normalerweise mit dem Zug zur Arbeit.

Sie geht nach draußen. Der Bahnhof ist nahe gelegen, also geht sie zu Fuß dorthin. Sie kauft eine Fahrkarte und steigt in den Zug. Es dauert etwa zwanzig Minuten, um zu ihrer Arbeit zu fahren. Linda sitzt im Zug und schaut aus dem Fenster.

Plötzlich erstarrt sie. Der Kessel! Er steht auf dem Herd und sie hat vergessen, das Gas abzustellen. José und Maria schlafen. Das Feuer kann auf die Möbel übergreifen und dann... Linda wird blass. Aber sie ist eine intelligente Frau und in einer Minute weiß sie, was zu tun ist. Sie bittet eine Frau und einen Mann, die neben ihr sitzen, bei ihr zu Hause anzurufen und José über den Kessel zu informieren.

In der Zwischenzeit steht José auf, und geht in die Küche. Er nimmt den Kessel vom Tisch, füllt ihn mit Wasser und stellt ihn auf den Herd. Danach nimmt er das Brot und Butter und macht belegte Brote. Maria

cozinha.

"Onde está o meu gatinho?" ela pergunta.

"Eu não sei," responde José, "Vai a casa de banho e lava a cara. Vamos comer beber chá a comer sanduiches agora. Depois vou te levar ao Jardim de Infancia."

Maria não se quer lavar. "Eu não consigo abrir a torneira," disse ela astutamente.

"Eu ajudo-te," disse seu irmão. Nesse momento o telefone toca. Maria corre rápidamente para o telefone e pega no auricular.

"Olá, aqui é o Jardim Zoológico. Quem és tu?" ela disse. José tira-lhe o auricular e diz, "Olá, aqui é o José."

"És o José que vive na Rua da Rainha numero 11?" pregunta uma estranha voz de mulher.

"Sim," responde José.

"Vai a cozinha imediatamente e desliga o gás!" grita a voz da mulher.

"Quem és tu? Porque devo desligar o gás?" diz José

betritt die Küche.

„Wo ist meine kleine Miezekatze?", fragt sie.

„Ich weiß es nicht", antworte José. „Geh ins Bad und wasch dein Gesicht. Wir werden jetzt essen Tee trinken und Brote essen. Anschließend werde ich dich in den Kindergarten bringen."

Maria will sich nicht waschen. „Ich kann den Wasserhahn nicht öffnen", sagt sie verschlagen.

„Ich helfe dir", sagt ihr Bruder. In diesem Moment klingelt das Telefon. Maria rennt schnell zum Telefon und nimmt den Hörer ab.

„Hallo, hier ist der Zoo. Wer bist du?", sagt sie. José nimmt ihr den Hörer ab und sagt: „Hallo, José hier."

„Bist du José, wohnhaft in der Rua da Rainha Nummer 11?", fragt die fremde Stimme einer Frau.

„Ja", antwortet José.

„Geh sofort in die Küche und mach das Gas aus", ruft die Stimme der Frau.

„Wer sind Sie? Warum soll ich das Gas ausmachen?", fragt José

surpreendido.

"Fá-lo agora," ordena a voz.

José desliga o gás. Maria e José olham para a chaleira surpreendidos.

"Não entendo," disse José, "Como pode esta mulher saber que vamos beber chá?"

"Tenho fome," diz sua irmã, "Quando é que vamos comer?"

"Eu também tenho fome," diz José e liga o gás de novo. Nesse momento. O telefone toca outra vez.

"Olá," diz José.

"És o José que vive na Rua da Rainha numero 11?" pergunta uma estranha voz de homem.

"Sim," responde José.

"Desliga o gás do fogão imediamente! Tem cuidado!" ordena a voz.

"Está bem," disse José e desliga o gás outra vez.

"Vamos para o Jardim de Infância," disse José à Maria sentindo que hoje não iam beber chá.

überrascht.

„Mach es gleich!", befielt die Stimme.

José macht das Gas aus. Maria und José sehen verwundert auf den Kessel.

„Ich verstehe das nicht", sagt José. „Wie kann diese Frau wissen, dass wir Tee trinken werden?"

„Ich habe Hunger", sagt seine Schwester. „Wann werden wir essen?"

„Ich habe auch Hunger", sagt José und macht das Gas wieder an. In diesem Moment klingelt das Telefon wieder.

„Hallo", sagt José.

„Bist du José, wohnhaft in der Rua da Rainha Nummer 11?", fragt die fremde Stimme eines Mannes.

„Ja", antwortet José.

„Mach sofort das Gas vom Herd aus! Sei vorsichtig!", befiehlt die Stimme.

„Es ist gut", sagt José und macht das Gas wieder aus.

„Lass uns in den Kindergarten gehen", sagt José zu Maria in dem Gefühl, dass sie heute keinen Tee trinken werden.

"Não. Eu quero chá e pão com manteiga," diz Maria iradamente.

"Bem, vamos tentar aquecer a chaleira outra vez," disse seu irmão e liga o gás.

O telefone toca e desta vez é a sua mãe e ordena que desligue o gás. Depois explica tudo. Por fim José e Maria bebem o chá e vão para o Jardim de Infância.

„Nein. Ich will Tee und Brot mit Butter", sagt Maria wütend.

„Gut, wir werden versuchen, den Kessel wieder zu erhitzen", sagt ihr Bruder und stellt das Gas an.

Das Telefon klingelt und dieses Mal befiehlt ihre Mutter, das Gas abzustellen. Anschließend erklärt sie alles. Endlich trinken Maria und José Tee und gehen in den Kindergarten.

18

Die Audiodatei

Uma agência de emprego
Eine Arbeitsvermittlung

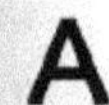 **A**

Palavras

1. a limpar - saubermachen
2. actual - aktuell
3. ajudante - der Helfer
4. ao mesmo tempo - gleichzeitig
5. braço - der Arm
6. cabo - das Kabel
7. chão - der Boden
8. cidade - die Stadt
9. colchão - die Matratze
10. como - da, wie
11. concordar - einverstanden sein
12. confuso - verwirrt
13. consultar - beraten
14. consultor - der Berater
15. corrente/ a correr - führend / führen
16. cuidadosamente - vorsichtig
17. editoria - der Verlag
18. eléctrico/eléctrica - elektrisch
19. estava/foi - war

20. experiência - die Erfahrung
21. fixe - toll, klasse
22. forte - stark
23. fortemente - stark (adverb)
24. grisalho - grauhaarig
25. história - die Geschichte
26. individualmente - einzeln
27. mental - gedanklich,
    mentalmente - gedanklich
    (adverb)
28. mentir - lügen
29. metade - halb
30. mortal/fatal - tödlich
31. número - die Nummer
32. o mesmo - der/die/das Gleiche
33. permitir - lassen / erlauben
34. por hora - pro Stunde
35. posição - die Position
36. preocupar-se - sich Sorgen
    machen
37. quinze - fünfzehn
38. recomendar - empfehlen
39. seguro/segura - klar, sicher
40. seriamente/ a sério - ernst /
    im Ernst
41. sessenta - sechzig
42. também - auch
43. trabalho manual - die
    Handarbeit
44. trabalho mental - die
    Kopfarbeit
45. tremer - zittern
46. um ao outro - einander
47. visitante - Besucher

B

Um dia Kazuki vai ao quarto
do Robert e vê que o seu amigo
está deitado na cama e treme.
Kazuki vê os cabos eléctricos que
vão do Robert até a chaleira
eléctrica. Kazuki acha que o Robert
está sob uma corrente eléctrica
mortal. Ele vai rápidamente para o
junto da cama pega no colchão e
puxa com força. Robert cai para o
chão. Depois levanta-se e olha para

Eines Tages geht Kazuki in
Roberts Zimmer und sieht seinen
Freund im Bett liegen und zittern.
Kazuki sieht die Stromkabel, die
von Robert zum Wasserkocher
führen. Kazuki glaubt, dass Robert
einen tödlichen Stromschlag
bekommen hat. Er geht schnell zu
ihm ans Bett, greift die Matratze
und zieht stark daran. Robert fällt
auf den Boden. Danach steht er auf

o Kazuki supreendido.

"O que é que foi?" pergunta Robert.

"Estavas sob uma corrente eléctrica," diz Kazuki.

"Não, eu ouço música," diz Robert e mostra-lhe o leitor de CDs.

"Oh, tenho muita pena," diz Kazuki. Ele está confuso.

"Está bem. Não te preocupes," responde Robert calmamente limpando as calças.

"José e eu vou a uma agência de emprego. Queres ir connosco?" pergunta Kazuki.

"Claro. Vamos juntos," diz Robert.

Eles saem para fora e apanham o autocarro numero sete. E leva cerca de 15 minutos para ir a ir até a agencia. José já está lá. Eles entram no edificio. Hà uma longa fila para o escritorio da agencia. Eles esperam na fila. Em meia eles entram no escritorio, Há uma mesa e algumas estantes no escritorio. Á mesa senta um homem de cabelo grisalho. Ele tem cerca de sessenta anos.

und sieht Kazuki verwundert an.

„Was war das denn?", fragt Robert.

„Du warst unter eletrischem Strom gestanden", sagt Kazuki.

„Nein, ich hörte Musik", sagt Robert und zeigt ihm seinen CD-Spieler.

„Oh, ist mir das peinlich", sagt Kazuki. Er ist verwirrt.

„Schon gut, mach dir keinen Sorgen", sagt Robert ruhig, seine Hose säubernd.

„José und ich gehen zu einer Arbeitsvermittlung. Willst du mit uns gehen", fragt Kazuki.

„Klar. Gehen wir gemeinsam", sagt Robert.

Sie gehen nach draußen und nehmen den Bus Nummer sieben. Sie brauchen etwa 15 Minuten bis zum Büro der Agentur. José ist schon dort. Sie betreten das Gebäude. Vor dem Büro der Agentur ist eine lange Schlange. Sie warten in der Schlange. Nach einer halben Stunde betreten sie das Büro. Im Büro gibt es einen Tisch und ein paar Bücherregale. Am Tisch sitzt ein grauhaariger Mann.

"Entrem rapazes!" ele diz amigavélmente, "Sentem-se, por favor."

José, Robert e Kazuki sentam-se.

"Meu nome é Jorge Peres. Sou o consultor de empregos. Habitualmente eu falo com os visitantes individualmente. Mas como são todos estudantes e conhecem-se uns aos ou tros eu posso consultá-los todos juntos. Concordam?

"Sim, Senhor," disse José, "Nós temos todos quatro horas livres todos os dias. Precisamos de encontrar trabalho para essas horas, senhor."

"Bem tenho alguns trabalhos para estudantes. E tu desliga o teu leitor," disse o Sr Peres a Robert.

"Eu posso ouvi-lo e escutar música ao mesmo tempo," diz Robert.

"Se quiseres seriamente encontrar trabalho, tira os auscultadores e ouve cuidadosamente o que eu vou dizer," diz o Sr Peres, "Agora rapazes digam que tipo de trabalho

Er ist etwa sechzig Jahre alt.

„Kommt rein, Jungs", sagt er freundlich. „Setzt euch, bitte".

José, Robert und Kazuki setzen sich.

„Mein Name ist Jorge Peres. Ich bin Arbeitsberater. Normalerweise spreche ich einzeln mit Besuchern. Aber da ihr alle Studenten seid und euch kennt, kann ich euch zusammen beraten. Seid ihr einverstanden?"

„Ja", sagt José. „Wir alle haben jeden Tag drei, vier Stunden frei. Wir müssen für diese Stunden Arbeit finden."

„Gut, ich habe ein paar Jobs für Studenten. Und du, mach deinen CD-Spieler aus", sagt Herr Peres zu Robert.

„Ich kann Ihnen zuhören und gleichzeitig Musik hören", sagt Robert.

„Wenn du ernsthaft einen Job finden willst, hole die Kopfhörer heraus und hör mir genau zu", sagt Herr Peres. „Also Jungs sagt mir, welche Art Arbeit braucht ihr denn. Wollt ihr Hand- oder Kopfarbeit?

precisam? Precisam de trabalho mental ou trabalho manual."

"Eu posso fazer qualquer trabalho," diz Kazuki, "Sou forte. Braço de ferro?" ele diz e põe o braço em cima da mesa do Sr Peres.

"Aqui não é um clube desportivo mas se quiseres..." o Sr Peres disse. Ele põe o seu braço na mesa e rápidamente empurra o braço do Kazuki para baixo, "Como podes ver filho, não deves ser apenas forte mas também esperto."

"Eu posso trabalhar mentalmente também, Senhor," diz Kazuki de novo. Ele quer muito encontrar um trabalho. "Eu sei escrever historias. Eu tenho algumas historias da minha terra natal."

"Isso é muito interesante," diz o Sr Peres. Ele tira uma folha de papel, "A editora 'Ao Redor' precisa de um jovem ajudante para o lugar de escritor. Eles pagam nove euros por hora."

"Que bom!" diz Kazuki, "Posso experimentar?"

"Claro. Aqui está o numero de telefone e a morada deles," diz o Sr

„Ich kann jede Arbeit machen", sagt Kazuki.

„Ich bin stark. Armdrücken?", fragt er und stützt seinen Arm auf Herrn Peress Tisch auf.

„Das hier ist kein Sportverein, aber wenn du willst...", sagt Herr Peres. Er stützt seinen Arm auf den Tisch auf und drückt Kazukis Arm schnell nach unten. „Wie du siehst, musst du nicht nur stark, sondern auch schlau sein."

„Ich kann auch Denkarbeit machen", sagt Kazuki. Er will unbedingt einen Job finden. „Ich kann Geschichten schreiben. Ich habe ein paar Geschichten über meine Heimat."

„Das ist sehr interessant", sagt Herr Peres. Er greift nach einem Blatt Papier. „Der Verlag „Ao Redor" braucht einen jungen Helfer für die Stelle als Schreiber. Sie zahlen neun Euro pro Stunde."

„Super", sagt Kazuki. „Kann ich das versuchen?"

„Natürlich. Hier sind Telefonnummer und Adresse", sagt

Peres e dá a folha de papel a Kazuki.

"E vocês rapazes podem escolher um trabalho numa quinta, numa firma de computadores, num jornal ou num supermercado. Como não têm nenhuma experiencia eu recomendo que comecem a trabalhar numa quinta. Eles precisam de dois trabalhadores," disse o Sr Peres a José e Robert.

"Quanto pagam?" pergunta José.

"Deixem-me ver..." o Sr Peres olha para o seu computador, "Eles preicsam de trabalhadores para três ou quatro horas por dia e eles pagam sete euros por hora. Sabados e Domingos são livres. Concordam?" Ele pergunta.

"Eu concordo," disse José.

"Eu também concordo," disse Robert.

"Bem. Tomem o numero de telefone e a morada da quinta," diz o Sr. Peres e dá-lhes uma folha de papel.

"Obrigado Senhor," dizem os rapazes e vão lá para fora.

Herr Peres und gibt Kazuki ein Blatt Papier.

„Und ihr Jungs könnt zwischen einer Arbeit auf einem Bauernhof, in einer Computerfirma, bei einer Zeitung oder im Supermarkt wählen. Da ihr keine Erfahrung habt, empfehle ich euch, mit der Arbeit auf dem Bauernhof zu beginnen. Sie brauchen zwei Arbeiter", sagt Herr Peres zu José und Robert.

„Wie viel zahlen sie?", fragt José.

„Lass mich sehen..." Herr Peres schaut auf den Computer. „Sie brauchen Arbeiter für drei oder vier Stunden am Tag und sie zahlen sieben Euro pro Stunde. Samstag und Sonntag sind frei. Seid ihr einverstanden?", fragt er.

„Ja, ich bin einverstanden", sagt José.

„Ich bin auch einverstanden", sagt Robert.

„Gut, nehmt die Telefonnummer und die Adresse des Bauernhofs", sagt Herr Peres und gibt ihnen ein Blatt Papier.

„Danke, Herr Peres", sagen die Jungs und gehen nach draußen.

19

Die Audiodatei

José e Robert lavam o camião (parte 1)

José und Robert waschen den Laster (Teil 1)

A

Palavras

1. a carregar - am Beladen
2. a lançar - am Werfen
3. a lavar - am Waschen
4. a limpar - am Säubern
5. adequado - passend
6. ao longo - entlang
7. barco - das Schiff
8. caixa - die Kiste
9. campo - das Feld
10. carregar/levar - tragen/bringen
11. chegar - ankommen
12. começar - anfangen
13. costa - die Küste
14. décimo - zehnter
15. demasiado grande - zu groß
16. descarregar - abladen
17. dono - der Besitzer

18. Em primeiro - erstens / als
    Erster
19. esperar - warten
20. estrada - die Straße
21. fechado - geschlossen / eng
22. flutuar - treiben
23. força - Kraft
24. frente - vorn
25. lentamente - langsam
26. licença - der Führerschein
27. longe - weit
28. maior - größer
29. Mais longe - weiter
30. máquina - die Maschine
31. mar - das Meer
32. metro - der Meter
33. motor - der Motor
34. muito - viel
35. nenhum - keine
36. nona - neunter
37. oitavo - achter
38. onda - die Welle
39. pátio - der Hof
40. patrão - der Arbeitgeber
41. perto - nahe
42. pisando - tretend
43. quarto - vierter
44. quinto - fünfter
45. revisar/confirmar -
    kontrollieren/bestätigen
46. roda - das Rad
47. segundo - zweiter
48. semente - das Saatgut
49. sétimo - siebter
50. sexto - sechster
51. também - auch
52. terceiro - dritter
53. transportar- transportieren
54. travão - die Bremse,
55. travar - bremsen
56. um tanto - ziemlich
57. usar - benutzen

B

José e Robert trabalham agora numa quinta. Eles trabalham três ou quatro horas todos os dias. O trabalho é um tanto árduo. Eles têm de fazer muito trabalho todos os dias. Eles limpam a quinta de dois em dois dias. Eles lavam as

José und Robert arbeiten jetzt auf einem Bauernhof. Sie arbeiten drei oder vier Stunden am Tag. Die Arbeit ist ziemlich schwer. Sie müssen jeden Tag viel arbeiten. Sie machen den Hof jeden zweiten Tag sauber. Sie waschen die Maschinen

máquinas da quinta de três em três dias. De quatro em quatro dias eles trabalham nos campos da quinta.

O nome do patrão deles é Daniel Martins. O Sr Martins é o dono da quinta e ele faz a maioria do trabalho. O Sr. Martins trabalha arduamente. Ele também dá muito trabalho ao José e ao Robert.

"Oi rapazes, acabem de limpar as máquinas, peguem no camião e vão à firma transportadora 'Rápido'," diz o Sr. Martins, "Eles têm uma carga para mim. Carreguem as caixas com as sementes no camião, tragam-nas para patio da quinta. Façam-no rápido porque eu preciso de usar as sementes hoje. E não se esqueçam de lavar o camião."

"Está bem," disse José. Eles terminam de limpar e entram no camião. José tem a carta de condução por isso ele conduz o camião. Ele liga o motor e primeiro ele conduz devagarinho dentro do patio da quinta e depois rápidamente ao longo da estrada. A firma transportadora Rapido não é longe da quinta. Eles chegam

jeden dritten Tag. Jeden vierten Tag arbeiten sie auf den Feldern des Bauernhofs.

Der Name ihres Arbeitgebers ist Daniel Martins. Herr Martins ist der Besitzer des Bauernhofs und macht die meiste Arbeit. Herr Martins arbeitet sehr hart. Er gibt José und Robert auch viel Arbeit.

„Hey Jungs, hört damit auf, die Maschinen sauber zu machen und nehmt den Lastwagen und fahrt zur Transportfirma Rapid", sagt Herr Martins. „Sie haben eine Ladung für mich. Ladet die Kisten mit dem Saatgut auf den Laster, bringt sie in den Hof des Bauernhofs. Beeilt euch, denn ich muss das Saatgut heute noch verwenden. Und vergesst nicht, den Laster zu waschen."

„Okay", sagt José. Sie beenden die Säuberung und steigen in den Lastwagen. José hat einen Führerschein, deswegen fährt er den Lastwagen. Er macht den Motor an, fährt erst langsam im Hof und anschließend schnell die Straße entlang. Die Transportfirma Rapid ist nicht weit vom Bauernhof entfernt. Sie kommen dort nach

lá em quinze minutos. Eles procuram pela porta de carga numero 10.

José conduz o camião cuidadosamente através do patio de cargas. Eles passam a primeira porta de embarque, passam a segunda porta de embarque, passam a terceira, passam a quarta, passam a quinta, passam a sexta, passam a setima, passam a oitava, depois passam a nona porta de carga. José conduz até à décima porta de carga e pára.

"Devemos confirmar a lista de cargas primeiro," disse Robert, que já tinha alguma experiencia com listas de cargas nesta firma transportadora. Ele vai ter com o carregador que trabalha à porta e dá-lhe a lista de cargas. O carregador carrega rápidamente cinco caixas para dentro do camião. Robert verifica as caixas cuidadosamente. Todos os números nas caixas correspondem aos números na lista de carga.

"Os números estão correctos. Agora podemos ir," diz Robert.

"Está bem," diz José e arranca

fünfzehn Minuten an. Dort suchen sie nach der Verladetür Nummer zehn.

José fährt den Laster vorsichtig über den Ladehof. Sie passieren die ersten Verladetür, passieren die zweite Verladetür, passieren die dritte Verladetür, passieren die vierte Verladetür, passieren die fünfte Verladetür, passieren die sechste Verladetür, passieren die siebte Verladetür, passieren die achte Verladetür, anschließend passieren sie die neunte Verladetür. José fährt bis zur zehnten Verladetür und hält an.

„Wir müssen zuerst die Ladeliste bestätigen", sagt Robert, der schon einige Erfahrung mit den Ladelisten in dieser Transportfirma hat. Er geht zum Verlader, der an der Tür arbeitet, und gibt ihm die Ladeliste. Der Verlader lädt schnell fünf Kisten in ihren Laster. Robert kontrolliert die Kisten sorgfältig. Alle Nummern auf den Kisten stimmen mit den Nummern auf der Ladeliste überein.

„Die Nummern sind korrekt. Wir können jetzt gehen", sagt Robert.

„Okay", sagt José und macht den

o motor, "Eu acho que podemos lavar o camião agora. Há um lugar adequado não muito longe daqui."

Em cinco minutos chegam à costa.

"Queres lavar o camião aqui?" pergunta Robert surpreendido.

"Sim é um lugar agradável, não é?" diz José.

"E onde é que arranjamos um balde?" pergunta Robert.

"Não precisamos de balde. Eu conduzo até bem próximo do oceano. Tiramos a água do oceano," José diz e conduz até bem próximo do oceano. As rodas da frente entram na água e as ondas passam por cima delas.

"Vamos sair e começar a lavar," disse Robert.

"Espera um minuto. Vou conduzir um pouco mais perto," José diz e conduz um ou dois metros mais, "Agora está melhor."

Então vem uma onda maior a água levanta o camião levanta o camião um bocadinho e leva-o lentamente mar adentro.

"Pára! José pára o camião!"

Motor an. „Ich vermute, wir können jetzt den Laster waschen. Es gibt einen passenden Ort nicht sehr weit von hier entfernt".

Nach fünf Minuten kommen sie an die Küste.

„Willst du den Laster hier waschen?", fragt Robert überrascht.

„Ja! Schöner Platz, nicht?", sagt José.

„Und woher bekommen wir einen Eimer?", fragt Robert.

„Wir brauchen keinen Eimer. Ich fahre ganz nah ans Meer. Wir nehmen das Wasser aus dem Meer", sagt José und fährt ganz nah ans Wasser. Die Vorderräder stehen im Wasser und die Wellen umspülen sie.

„Lass uns aussteigen und anfangen, zu waschen", sagt Robert.

„Warte kurz, ich werde noch etwas näher heran fahren", sagt José und fährt ein, zwei Meter weiter. „Jetzt ist es besser".

Da kommt eine größere Welle und das Wasser hebt den Laster ein bisschen nach oben und trägt ihn langsam weiter ins Meer.

„Stopp! José, halte den Laster

grita o Robert, "Ja estamos dentro de água! Por favor, pára!"

"Não dá para parar!!" José grita pisando nos travois com toda a sua força, "Eu não consigo pará-lo!!"

O camião flutua lentamente mar adentro balançando nas ondas como um barco pequeno.

(a continuar)

an!", ruft Robert. „Wir sind schon im Wasser! Bitte, halte an!"

„Er hält nicht an!", ruft José und tritt mit aller Kraft die Bremse. „Ich kann ihn nicht anhalten."

Der Laster treibt langsam weiter aufs Meer und schaukelt auf den Wellen wie ein kleines Schiff.

(Fortsetzung folgt)

20

Die Audiodatei

José e Robert lavam o camião (parte 2)

José und Robert waschen den Laster (Teil 2)

A

Palavras

1. acidente - der Unfall
2. alimentar - füttern
3. amanhã - morgen
4. assassino - der Mörder
5. atrás - hinter / vor (zeitl.)
6. azeite - das Öl
7. baleia - der Wal; baleia assassina - Killerwal (Schwertwal)
8. cerimónia - die Feier
9. constante - beständig
10. contentor - Container
11. controlo/controle - die Kontrolle
12. costa - die Küste
13. despedir - entlassen, feuern
14. dinheiro - das Geld
15. direito/a - rechts
16. dirigir/conduzir - lenken/fahren

17. discurso - die Rede
18. divertir-se/ apreciar - Spaß haben, genießen
19. engolir - (hinunter)schlucken
20. era /estava - waren
21. esquerda - links
22. exemplo - das Beispiel; por exemplo - zum Beispiel
23. fluir - fließen
24. flutuando - treibend (flutuar)
25. fotografar - fotografieren
26. fotógrafo - der Fotograf
27. Grande Poluição - Große Verschmutzung
28. há um ano atrás - vor einem Jahr
29. informar - informieren, mitteilen
30. jornalista - der Journalist
31. libertar - freisetzen
32. limpeza - Säuberung
33. maravilhoso/maravilhosa - wunderbar
34. nadar - schwimmen
35. nunca - nie, niemals
36. ocorrer/acontecer - passieren; ocorreu/aconteceu - passiert
37. para/por - zum
38. pássaro - der Vogel
39. poluir - verschmutzen
40. procura-se - man sucht
41. que - was
42. querido - lieber, liebe/Liebster
43. reabilitação - die Genesung, Rehabilitation
44. reabilitar - genesen
45. rir-se - lachen
46. salvar - retten
47. situação - die Situation
48. unidade de resgate - der Rettungseinheit
49. vento - der Wind
50. vinte e cinco - fünfundzwanzig

B

O camião flutua lentamente mar adentro, balançando-se nas ondas como um barco. José dirige para a esquerda e para a direita pisando no travão e acelerador.

Der Laster treibt langsam weiter ins Meer und schaukelt auf den Wellen wie ein Schiff. José lenkt nach links und nach rechts, während er auf die Bremse und aufs

Mas ele não consegue controlar o camião. Um vento forte empurra-o ao longo da costa. José e Robert não sabem o que fazer. Eles sentam-se e olham pelas janelas. A água começa a entrar dentro.

"Vamos sair para fora e sentamos no telhado," disse Robert.

Eles sentam-se no telhado.

"O que dirá o Sr Martins, pergunto eu?" diz Robert.

O camião flutua lentamente cerca de vinte metros além da costa. Algumas pessoas na costa param e olham para o camião em surpresa.

"O Sr. Martins pode nos despedir," responde José.

Entretanto o chefe do colégio Sr. Gonçalves entra no seu escritório. A secretária entra e diz-lhe que vai haver uma cerimónia hoje. Eles libertarão dois pássaros marinhos após a sua reabilitação. Os trabalhadores do Centro de Reabilitação limpara-lhes o óleo, após o acidente com o contentor Grán Pollucion. O acidente aconteceu há um mês atrás. Sr.

Gas tritt. Aber er kann den Laster nicht kontrollieren. Ein starker Wind trägt ihn die Küste entlang. José und Robert wissen nicht, was sie tun sollen. Sie sitzen einfach da und schauen aus dem Fenster. Das Meerwasser beginnt einzudringen.

„Gehen wir nach draußen und setzen uns aufs Dach", sagt Robert.

Sie setzen sich aufs Dach.

„Ich frage mich, was Herr Martins sagen wird", sagt Robert.

Der Laster treibt langsam etwa zwanzig Meter von der Küste entfernt. Einige Leute an der Küste bleiben stehen und schauen verwundert auf den Lastwagen.

„Herr Martins wird uns wohl feuern", antwortet José.

In der Zwischenzeit kommt der Direktor der Universität, Herr Gonçalves, in sein Büro. Die Sekretärin sagt ihm, dass es heute eine Feier geben wird. Sie werden zwei Seevögel nach deren Genesung freisetzen. Die Arbeiter des Rehabilitationszentrums haben sie nach dem Unfall mit dem Container Gran Pollución vom Öl gesäubert. Der Unfall passierte vor einem

Gonçalves tem de ir lá fazer um discurso. A cerimónia começa em vinte e cinco minutos.

O Sr. Gonçalves e a sua secretária apanham um táxi e em dez minutos chegam ao local da cerimónia. Os dois pássaros já lá se encontram. Agora não estão tão limpas como habitualmente. Mas agora conseguem nadar e voar. Há lá agora muitas pessoas, jornalistas e fotógrafos. Em dois minutos a cerimónia começa. O Sr. Gonçalves começa o seu discurso.

"Queridos amigos!" ele diz, "O acidente com o contentor Grande Poluição aconteceu neste local há um mês atrás. Agora nós temos de rehabilitar muitos pássaros e animais. Isso custa muito dinheiro. Por exemplo a reabilitação de cada um destes pássaros custa 5,000 euros! E eu estou muito feliz de informá-los que agora apòs um mês de reabilitação estes dois pássaros maravilhosos serão libertados."

Dois homens pegam na caixa com os pássaros trazem-na para a agua e abrem-na. Os pássaros saem da Caixa saltam para a agua e

Monat. Herr Gonçalves muss dorthin gehen, um eine Rede zu halten. Die Feier beginnt in fünfundzwanzig Minuten.

Herr Gonçalves und seine Sekretärin nehmen ein Taxi und kommen nach zehn Minuten am Ort der Feier an. Die zwei Vögel sind bereits da. Jetzt sind sie nicht so sauber wie normalerweise. Aber sie können wieder schwimmen und fliegen. Es sind jetzt viele Menschen, Journalisten und Fotografen da. Zwei Minuten später beginnt die Feier. Herr Gonçalves beginnt seine Rede.

„Liebe Freunde", sagt er. „Vor einem Monat passierte an dieser Stelle der Unfall mit dem Container Gran Pollución. Wir müssen jetzt viele Vögel und Tiere gesund pflegen. Das kostet viel Geld. Die Rehabilitation von jedem dieser zwei Vögel zum Beispiel kostet 5.000 Euro. Und ich bin sehr glücklich, Ihnen mitzuteilen, dass diese zwei wunderbaren Vögel nach einem Monat Rehabilitation jetzt freigesetzt werden."

Zwei Männer nehmen die Kiste mit den Vögeln, bringen sie zum

nadam. Os fotógrafos tiram fotografias. Os jornalistas fazem perguntas aos trabalhadores do Centro de Reabilitação sobre os animais.

De repente uma grande baleia assassina vem ao de cima, rápidamente engole os dois pássaros e submerge outra vez. Todas as pessoas olham para o local onde os pássaros estavam antes. O chefe do colégio não quer acreditar nos seus olhos. A baleia assassina vem outra vez ao de cima procurando mais pássaros. Como não há mais pássaros ela submerge outra vez. O Sr. Gonçalves agora tem de terminar o seu discurso.

"Ah....," ele escolhe palavras adequadas, "O maravilhoso constante fluxo da vida nunca pára. Os animais maoires comem os animais mais pequenos e por ai fora... ah... o que é aquilo?" ele diz olhando para a agua. Todas as pessoas olham para lá e veêm um grande camião flutuando ao longo da costa balançando-se nas ondas como um barco. Dois rapazes sentados em cima olhando para o

Wasser und öffnen sie. Die Vögel verlassen die Kiste, springen ins Wasser und schwimmen. Die Fotografen machen Fotos. Die Journalisten befragen die Arbeiter des Rehabilitationszentrums über die Tiere aus.

Plötzlich taucht ein großer Schwertwal auf, schluckt schnell die zwei Vögel hinunter und taucht wieder unter. Alle Leute sehen auf die Stelle, an der die Vögel zuvor gewesen waren. Der Direktor der Universität traut seinen Augen nicht. Der Schwertwal taucht wieder auf und sucht nach weiteren Vögeln. Da es keine Vögel mehr gibt, taucht er wieder. Herr Gonçalves muss jetzt seine Rede beenden.

„Ähm..." Er sucht nach passenden Worten. „Der wundervolle, beständige Fluss des Lebens hört nie auf. Größere Tiere essen kleinere Tiere und so weiter... Ähm... Was ist das?", fragt er aufs Wasser schauend. Alle Personen schauen dorthin und sehen einen großen Laster, der die Küste entlang treibt, auf den Wellen schaukelnd wie ein Schiff. Zwei Jungen sitzen auf ihm und schauen zum Platz der

local da cerimónia.

"Olá Sr. Gonçalves," diz Robert, "Porque é que está a alimentar as baleias assassinas com os pássaros?"

"Olá Robert," responde o Sr. Gonçalves, "Que fazem ai rapazes?"

"Nós queríamos lavar o camião," responde José.

"Vejo," disse Sr. Gonçalves. Algumas pessoas começaram a divertir-se com situação. Elas começaram a rir-se.

"Bem, eu vou chamar o unidade de resgate agora. Eles tiram-vos da água. E eu quero ver-vos no meu escritorio amanhã, " diz o chefe do colégio e chama o unidade de resgate.

Feier.

„Hallo Herr Gonçalves", sagt Robert. „Warum füttern Sie die Schwertwale mit den Vögeln?"

„Hallo Robert", antwortet Herr Gonçalves. „Was macht ihr da, Jungs?"

„Wir wollten den Laster waschen", antwortet José.

„Das sehe ich", sagt Herr Gonçalves. Einige Leute beginnen, an der Situation ihren Spaß zu haben. Sie fangen an, zu lachen.

„Gut, ich werde jetzt die Rettungseinheit anrufen. Sie werden euch aus dem Wasser ziehen. Und ich möchte euch morgen in meinem Büro sehen", sagt der Direktor der Universität und ruft den Rettungsdienst an.

21

Uma lição

Eine Unterrichtsstunde

A

Palavras

1. ainda - noch, weiterhin
2. alargar - erweitern
3. areia - der Sand
4. atenção - die Aufmerksamkeit
5. classe - die Klasse
6. coisa - das Ding, die Sache
7. cuidar/tomar conta - sich kümmern um
8. em vez de - stattdessen
9. entornar - schütten, gießen
10. entre - zwischen
11. estas coisas - diese Dinge
12. exame - Prüfung
13. felicidade - das Glück
14. gastar - ausgeben, verwenden
15. importante - wichtig
16. jarro - der Krug
17. ligeiramente - etwas schnell, leicht
18. mais - anders, sonst, mehr

19. médico - der Arzt; medizinisch (hier)
20. meninos - die Kinder
21. menos - weniger
22. namorada - die Freundin; namorado - der Freund (sexuell)
23. pais - die Eltern
24. pedra - der Stein
25. pequeno - klein
26. permanecer - bleiben
27. poderia - könnte; Eu poderia ler se... - Ich könnte lesen wenn...
28. que - der, die, das (konj.)
29. realmente - wirklich
30. saúde - die Gesundheit
31. sem - ohne
32. sempre - immer
33. televisão - der Fernseher
34. vazio - leer

B

O director da Universidade esta de pé em frente à classe. Há algunas caixas e outras coisas na mesa a sua frente. Quando a lição começa ele pega num grande jarro vazio e sem palavras enche-o de pedras grandes.

"Vocês pensam que o jarro está cheio?" o Sr Gonçalves pergunta aos estudantes.

"Sim, está," dizem os estudantes.

Então ele pega numa caixa con pedras pequeninas e entorna-as no jarro. Ele sacode o jarro ligeiramente. As pedras

Der Direktor der Universität steht vor der Klasse. Auf dem Tisch vor ihm liegen Kisten und andere Dinge. Als der Unterricht beginnt, nimmt er einen großen, leeren Krug und füllt ihn wortlos mit großen Steinen.

„Meint ihr, dass der Krug voll ist?", fragt Herr Gonçalves die Studenten.

„Ja, das ist er", sagen die Studenten.

Da nimmt er eine Kiste mit sehr kleinen Steinen und schüttet sie in den Krug. Er schüttelt den Krug leicht. Die kleinen Steine füllen

pequeninas, claro, preenchem o espaço entre as pedras grandes.

"O que é que pensam agora? O jarro já está cheio, não é?" pergunta novamente o Sr. Gonçalves.

"Sim, está. Agora está cheio," voltam a estar todos de acordo. Eles começaram a divertir-se com esta lição. Eles começaram a rir-se.

Então o Sr. Gonçalves pega numa Caixa de areia e entorna-a no jarro. Claro, a areia preenche o restante espaço.

"Agora quero que pensem neste jarro como a vida de um homem. As pedras grandes são as coisas importantes - sua familia, sua namorada, namorado, sua saude, seus filhos, seus pais - coisas que se se perder tudo e só eles permanecerem a sua vida ainda será cheia. As pedras pequenas são as coisas menos importantes. São coisas como sua casa, seu trabalho, seu carro. A areia é tudo o resto - pequenas coisas. Se puseres areia no jarro primeiro, não haverá espaço para pedras pequenas ou grandes. O

natürlich den Platz zwischen den großen Steinen.

„Was meint ihr jetzt? Der Krug ist voll, oder nicht?", fragt Herr Gonçalves wieder.

„Ja, das ist er. Er ist jetzt voll", bestätigen alle einstimmig. Der Unterricht beginnt, ihnen Spaß zu machen. Sie beginnen zu lachen.

Da nimmt Herr Gonçalves eine Kiste mit Sand und schüttet ihn in den Krug. Der Sand füllt natürlich den restlichen Platz aus.

„Jetzt möchte ich, dass ihr bei diesem Krug an das Leben eines Mannes denkt. Die großen Steine sind wichtige Dinge - eure Familie, eure Freundin oder euer Freundin, Freund, eure Gesundheit, eure Kinder, eure Eltern - Dinge die, wenn ihr alles verliert und nur sie bleiben, euer Leben weiterhin erfüllen. Die kleinen Steine sind die weniger wichtigen Dinge. Dinge wie euer Haus, Arbeit, euer Auto. Der Sand ist alles andere - kleine Dinge. Wenn ihr zuerst Sand in den Krug füllt, bleibt kein Platz für kleine oder große Steine. Das Gleiche kann

mesmo se pode dizer da vida. Se gastares todo o teu tempo e energia nas coisas pequenas, nunca terás tempo para as coisas que são importantes para ti. Presta atenção às coisas que são as mais importantes para a tua felicidade. Brinca com os teus filhos ou pais. Tira tempo para fazer exames médicos. Leva o teu namorado ou tua namorada ao café. Haverá sempre tempo para ir trabalhar, limpar a casa e ver televisão," disse o Sr. Gonçalves, "Tomem conta das pedras grandes primeiro - as coisas que são realmente importantes. Tudo o resto é areia," ele olha para os estudantes, "Agora, Robert e José, o que é importante para vocês - lavar um camião ou a vossa vida? Vocês flutuaram num camião num oceano cheio de baleias assassinas como num barco só porque queriam lavar o camião. Acharam que não havia outra maneira de o lavar?"

"Não, não achámos," dice José.

"Em vez disso podiam tê-lo lavado numa lavagem automática, não podiam?" disse o Sr.

man von dem Leben sagen. Wenn ihr eure ganze Zeit und Energie für die kleinen Dinge verbraucht, werdet ihr nie Zeit für die Dinge haben, die euch wichtig sind. Achtet auf Dinge, die für euer Glück am wichtigsten sind. Spielt mit euren Kindern oder Eltern. Nehmt euch die Zeit für medizinische Untersuchungen. Geht mit eurer Freundin oder eurem Freund ins Café. Es wird immer Zeit bleiben, um zu arbeiten, das Haus zu putzen und fernzusehen", sagt Herr Gonçalves. „Achtet zuerst auf die großen Steine - die Dinge, die wirklich wichtig sind. Alles andere ist Sand." Er sieht die Studenten an. „Nun, Robert und José, was ist euch wichtiger - einen Laster zu waschen oder euer Leben? Ihr treibt auf einem Laster wie auf einem Schiff im Meer voller Schwertwale, nur weil ihr den Laster waschen wolltet. Glaubt ihr, dass es keine andere Art gibt, ihn zu waschen?"

„Nein, das glauben wir nicht", sagt José.

„Stattdessen könnte ihr ihn in einer Waschanlage waschen, oder

Gonçalves.

"Sim, podiamos," dizem os estudantes.

"Vocês devem sempre pensar antes de fazer alguma coisa. Têm sempre de tomar contar das pedras grandes, certo?"

"Sim, temos," respondem os estudantes.

nicht?", sagt Herr Gonçalves.

„Ja, das können wir", sagen die Studenten.

„Ihr müsst immer erst nachdenken, bevor ihr etwas macht. Ihr müsst euch immer auf die großen Steine achten, richtig?"

„Ja, das müssen wir", antworten die Studenten.

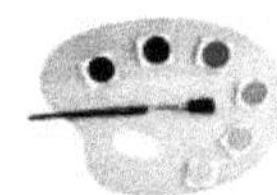

22

Die Audiodatei

Kazuki trabalha numa editora

Kazuki arbeitet in einem Verlag

 **A**

Palavras

1. a dormir - am Schlafen
2. a jogar - am Spielen
3. ao ar livre - draußen
4. atendedor de chamadas - der Anrufbeantworter
5. bip - der Piepton
6. caminhando - laufend
7. chamar - anrufen
8. chuva - der Regen
9. cliente - der Kunde
10. companhia - die Firma
11. compor - entwerfen, verfassen
12. composição - der Entwurf, der Text
13. conversar - sich unterhalten
14. coordenação - die Koordination
15. creativo - kreativ
16. desenvolver - entwickeln
17. diferente - verschieden

18. difícil - schwer

19. durante - während

20. em frente- vor

21. engraçado/a - lustig

22. escadas - die Treppe

23. escuro - dunkel

24. especialmente - vor allem

25. etc. - usw.

26. frieza - die Kälte

27. frio (adj) - kalt

28. futuro - Zukunft

29. gravar - aufnehmen; gravar pensamentos - Gedanken aufnehmen

30. habilidades - die Fähigkeiten

31. história - die Geschichte

32. humano - der Mensch; humano (adj) - menschlich (adj)

33. já que, como - da, wie

34. jornal - die Zeitung

35. mundo - die Welt

36. nada - nichts

37. nariz - die Nase

38. ninguém - niemand

39. obter - bekommen

40. olá - hallo

41. pelo menos - wenigstens

42. possível - möglich

43. produzir - herstellen

44. profissão - der Beruf

45. pronto - fertig

46. quantas vezes for possível- so oft wie möglich

47. recusar - ablehnen

48. regra - die Regel

49. revista - die Zeitschrift

50. significar - bedeuten

51. texto - der Text

52. trinta - dreißig

53. triste - traurig

54. vender - verkaufen

B

Kazuki trabalha como jovem ajudante na editora Ao Redor. Ele faz trabalho de redação.

"Kazuki, o nome da nossa empresa é Ao Redor," diz o chefe da empresa Sr. Carrilho, "E isso significa que podemos fazer

Kazuki arbeitet als junger Helfer im Verlag Ao Redor. Er macht Schreibarbeiten.

„Kazuki, der Name unserer Firma ist Ao Redor", sagt der Firmenchef Herr Carrilho. „Und das

qualquer composição de texto e projecto de design para qualquer cliente. Temos muitas encomendas para o jornal, revistas e outros clientes. Todas as ordens são diferentes mas não recusamos nenhum."

Kazuki gosta muito deste trabalho porque ele pode desenvolver as suas habilidades creativas. Ele aprecia o trabalho creativo tal como escrever composições e design. Já que ele estuda design na universidade é um trabalho adequado para a sua futura profissão.

O Sr. Carrilho tem algumas tarefas para ele hoje.

"Temos algumas encomendas. Tu podes fazer duas delas," diz o Sr. Carrilho, "A primeira encomenda é de uma companhia de telefone. Eles fabricam telefones com atendedor de chamadas. Eles precisam de alguns textos engraçados para atendedores de chamadas. Nada vende melhor que coisas engraçadas. Compõe quatro ou cinco textos, por favor."

heißt, dass wir für jeden Kunden jede Art von Text und Design-Projekte machen können. Wir haben viele Aufträge von Zeitungen, Zeitschriften und anderen Kunden. Alle Aufträge sind untereschiedlich, aber wir lehnen nie einen ab."

Kazuki mag diesen Job sehr, da er seine kreativen Fähigkeiten entwickeln kann. Er schätzt kreative Arbeit wie Schreiben und Design. Er hat Design schon an der Universität studiert, es ist ein passender Job für seinen zukünftigen Beruf.

Heute hat Herr Carrilho einige Aufgaben für ihn.

„Wir haben einige Aufträge. Du kannst zwei davon erledigen (machen)", sagt Herr Carrilho. „Der erste Auftrag ist von einer Telefonfirma. Sie stellen Telefone mit Anrufbeantwortern her. Sie brauchen ein paar lustige Texte für die Anrufbeantworter. Nichts verkauft sich besser als etwas Lustiges. Entwirf bitte vier oder fünf Texte."

“Qual o tamanho que devem ser?” pergunta Kazuki.

“Podem ser de cinco a trinta palavras,” responde o Sr. Carrilho, “E a segunda encomenda é de uma revista “Mundo Verde”. Esta revista escreve sobre animais, pássaros, peixes etc. Eles precisam de um texto sobre qualquer animal doméstico. Pode ser engraçado ou triste, ou simplesmente uma história sobre o teu próprio animal. Tens um animal?”

“Sim, tenho um. Tenho um gato. Seu nome é Favorito,“ diz Kazuki, “E penso que posso escrever uma história sobre as suas habilidades. Quando é que tem de estar pronto?”

“Estas encomendas têm de estar prontas até à amanhã de manhã,” responde o Sr. Carrilho.

“Está bem. Posso começar agora?” pergunta Kazuki.

“Sim, Kazuki,” diz o Sr. Carrilho.

Kazuki traz esses textos no dia seguinte. Ele tem cincos textos para o atendedor de chamadas. O

„Welche Größe sollen sie haben?“, fragt Kazuki.

„Sie können fünf bis dreißig Wörter haben“, antwortet Herr Carrilho. „Der zweite Auftrag ist von einer Zeitung ‚Grüne Welt‘. Diese Zeitung schreibt über Tiere, Vögel, Fische usw. Sie brauchen einen Text über irgendein Haustier. Er kann lustig oder traurig sein oder einfach eine Geschichte über dein eigenes Haustier. Hast du ein Tier?“

„Ja, ich habe eines. Ich habe eine Katze. Ihr Name ist Favorite“, sagt Kazuki. „Und ich denke, ich kann eine Geschichte über ihre Fähigkeiten schreiben. Wann soll sie fertig sein?“

„Diese Aufträge sollen bis morgen Vormittag fertig sein“, antwortet Herr Carrilho.

„Gut. Kann ich jetzt anfangen?“, fragt Kazuki.

„Ja Kazuki“, sagt Herr Carrilho.

Kazuki bringt die Texte am folgenden Tag. Er hat fünf Texte für den Anrufbeantworter. Herr

Sr. Carrilho lê-os:

1. "Olá. Agora diz tu algo."

2. "Olá. Eu sou um atendedor de chamadas. E tu o que és?"

3. "Olá. Não está ninguém em casa agora mas o meu atendedor de chamadas está. Por isso podes falar com ele em vez de mim. Espere pelo sinal."

4. "Isto não é um atendedor de chamadas. Isto é uma máquina de gravar memórias. Após o sinal, pense no seu nome, a razão porque ligou e o numero para o qual deverei ligá-lo de volta. E eu vou pensar se lhe ligo de volta."

5. "Fale depois do sinal! Tem o direito de se manter calado. Eu vou gravar e usar tudo o que você disser."

"Não está mal. E o dos animais?" pergunta o Sr. Carrilho. Kazuki dá-lhe outra folha de papel. O Sr. Carrilho lê:

Algumas regras para gatos

Andar:

Tantas vezes quantas possiveis, correr rápidamente e o mais perto possivel em frente dos humanos,

Carrilho liest sie:

1. „Hallo. Jetzt sage du etwas".

2. „Hallo, ich bin ein Anrufbeantworter. Und du, wer bist du?"

3. „Hallo. Außer meinem Anrufbeantworter ist gerade niemand zu Hause. Deshalb kannst du mit ihm sprechen anstatt mit mir. Warte auf den Piepton".

4. „Das ist kein Anrufbeantworter. Das ist eine Maschine, die Gedanken speichert. Nach dem Piepton denke an deinen Namen, den Grund, weswegen du angerufen hast, und die Nummer, unter der ich dich zurückrufen kann. Und ich werde darüber nachdenken, ob ich dich zurückrufe."

5. „Sprechen Sie nach dem Piepton! Sie haben das Recht zu schweigen. Ich werde alles, was Sie sagen, aufzeichnen und verwenden."

„Nicht schlecht. Und was ist mit den Tieren?", fragt Herr Carrilho. Kazuki gibt ihm ein anderes Blatt Papier. Herr Carrilho liest:

Einige Regeln für Katzen

Laufen:

Immer wenn es möglich ist, renne schnell und so nahe wie möglich vor

especialmente: nas escadas, quando eles têm algo nas mãos, no escuro e quando se levantam da cama de manhã. Isto treina a sua coordinação.

Na cama:

Durma sempre sobre um humano à noite. Para que ele ou ela não se possam virar na cama. Tente deitar-se sobre a cara dele ou dela. Certifique-se que a sua cauda esteja precisamente no seu nariz.

A dormir:

Para ter muita energia para brincar, um gato precisa de dormir muito (pelo menos 16 horas por dia). Não é dificil encontrar um local adequado para dormir. Qualquer lugar onde um humano goste de sentar é bom. Há lugares bons ao ar livre também. Mas não podem usá-los quando chove ou quando está frio. Em vez disso pode utilizar as janelas abertas.

Sr. Carrilho ri-se.

"Bom trabalho, Kazuki! Eu penso que a revista "Mundo Verde" vai gostar da tua composição," diz ele.

die Menschen, vor allem: auf Treppen, wenn sie etwas in der Hand haben, im Dunkeln und wenn sie morgens vom Bett aufstehen. Das trainiert ihre Koordination.

Im Bett:

Schlafe nachts immer auf dem Menschen. Damit er sich im Bett nicht umdrehen kann. Versuche, auf seinem oder ihrem Gesicht zu liegen. Vergewissere dich, dass dein Schwanz genau auf ihrer Nase liegt.

Schlafen:

Um genug Energie zum Spielen zu haben, muss eine Katze viel schlafen (mindestens 16 Stunden am Tag). Es ist nicht schwer, einen passenden Platz zum Schlafen zu finden. Jeder Platz, an dem ein Mensch gerne sitzt, ist gut. Draußen gibt es auch viele gute Plätze. Du kannst sie aber nicht benutzen, wenn es regnet oder kalt ist. Du kannst stattdessen das offene Fenster verwenden.

Herr Carrilho lacht.

„Gute Arbeit, Kazuki! Ich denke, die Zeitung ‚Grüne Welt' wird deinen Entwurf mögen", sagt er.

23

Die Audiodatei

Regras para gatos

Katzenregeln

A

Palavras

1. a cozinhar - am Kochen
2. a ler - beim lesen
3. ainda que - obwohl, trotzdem
4. algo/alguma coisa - etwas / irgendetwas
5. algumas vezes, - manchmal, ab und zu
6. amar - lieben
7. amor - die Liebe
8. beijar - küssen
9. comida - das Essen
10. conseguir - schaffen/hinkriegen /gelingen
11. convidado - der Gast

12. criança - das Kind

13. detrás - hinter

14. diversão - der Spaß

15. entrar em pânico - in Panik
     versetzen

16. escola - die Schule

17. esconder - sich verstecken;
     escondidas - das Versteckspiel

18. esfregar - reiben

19. esquecer - vergessen

20. fingir - vorgeben; so tun, als ob

21. fugiu - flüchtete (fugir)

22. mistério - das Rätsel

23. morder - beißen

24. mosquito - die Stechmücke

25. obter - bekommen

26. passo - der Schritt

27. pensar - denken

28. perna - das Bein

29. pisar - treten

30. planeta - der Planet

31. possibilidade, oportunidade -
     die Möglichkeit, Gelegenheit

32. poucos - wenig

33. prato - der Teller

34. roubar - stehlen

35. saboroso, gostoso - lecker

36. sanitário - die Toilette

37. segredo - das Geheimnis

38. teclado - die Tastatur

39. tempo - das Wetter

40. total - gesamt

41. trabalhos de casa - die
     Hausaufgaben

B

"A revista "Mundo Verde" fez um novo pedido," o Sr. Carrilho diz a Kazuki no dia seguinte, "E este pedido é para ti, Kazuki. Eles gostaram da tua composição e querem um texto maior sobre "Regras para gatos".

A Kazuki levou dois dias para compor este texto. Aqui está.

„Die Zeitschrift ‚Grüne Welt' erteilte (machte) einen neuen Auftrag", sagt Herr Carrilho am nächsten Tag zu Kazuki. „Und dieser Auftrag ist für dich, Kazuki. Ihnen hat dein Entwurf gefallen und sie wollen einen längeren Text über ‚Regeln für Katzen'."

Kazuki braucht zwei Tage für diesen Text. Hier ist er.

Algumas regras secretas para os gatos

Ainda que gatos sejam o melhor e o mais maravilhoso dos animais no planeta, eles às vezes fazem coisas estranhas. Um dos humanos conseguiu roubar alguns segredos dos gatos. Existem algumas regras na vida de forma a dominar o mundo! Mas como estas regras ajudarão os gatos é um total mistério aos seres humanos.

Casas de banho:

Sempre vá com os convidados à casa de banho. Não precisa de fazer nada. Apenas sente, olhe e as vezes esfregues nas suas pernas.

Portas:

Todas as portas devem estar abertas. Para abrir as portas basta olhar para os humanos com um olhar triste. Quando eles abrirem a porta, não precisa de passar por elas. Depois de abrir a porta desta forma, fique ao pé da porta e pense em qualquer coisa. Isto é especialmente importante quando o tempo está muito frio ou quando está um dia de chuva,

Einige geheime Regeln für Katzen

Obwohl Katzen die besten und wundervollsten Tiere auf diesem Planeten sind, tun sie manchmal seltsame Dinge. Einem Menschen ist es gelungen, ein paar Katzengeheimnisse zu stehlen. Es existieren einige Lebensregeln, um die Welt zu beherrschen! Aber wie diese Regeln den Katzen helfen, ist für die Menschen ein völliges Geheimnis.

Badezimmer:

Gehe immer mit den Gästen ins Badezimmer. Du musst nichts tun. Außer dich hinsetzen, schauen und dich ab und zu an ihren Beinen reiben.

Türen:

Alle Türen müssen offen sein. Um die Türen zu öffnen, schaue nur mit einem traurigen Blick auf die Menschen. Wenn sie eine Tür öffnen, musst du nicht an ihnen vobeigehen. Nach dem Öffnen der Tür auf diese Weise, bleibe in der Tür stehen und denke an etwas. Das ist besonders wichtig, wenn es sehr kalt ist oder wenn es ein Regentag ist oder in der

ou quando é a época dos mosquitos.

Cozinha:

Sente-se sempre por trás do pé direito dos humanos que cozinham. Assim eles não o veêm e há melhores chances de ser pisado em cima. Quando isso acontecer, eles pegam-no ao colo e dar-lhe-ão qualquer coisa boa para comer.

Lendo livros:

Tente ficar perto da cara do humano que lê, entre os olhos e o livro. O melhor é deitar-se no livro.

Trabalhos de casa:

Deite-se nos livros e finja que está a dormir. Mas de vez em quando salte para a caneta. Morda se a criança tentar tirar-lhe da mesa.

Computador:

Se um humano estiver a trabalhar no computador, salte para a secretaria e ande sobre o teclado.

Comida:

Os gatos precisam de comer muito. Mas comer é apenas

Stechmückenzeit.

Küche:

Setze dich immer genau hinter den rechten Fuß von Menschen, die kochen. So können sie dich nicht sehen und die Chance ist größer, dass sie auf dich treten. Wenn das passiert, nehmen sie dich am Hals und geben dir etwas Gutes zu essen.

Bücher lesen:

Versuche, nahe beim Gesicht des Menschen zu bleiben, der liest, zwischen die Augen und das Buch. Am besten ist es, sich auf das Buch zu legen.

Hausaufgaben:

Lege dich auf die Bücher und tue so, als ob du schläfst. Springe von Zeit zu Zeit auf den Stift. Beiße, falls ein Kind versucht, dich vom Tisch zu entfernen.

Computer:

Wenn ein Mensch am Computer arbeitet, springe auf den Sekretär und laufe über die Tastatur.

Essen:

Katzen müssen viel essen. Aber Essen ist nur der halbe Spaß. Die andere Hälfte ist, das Essen zu

metade do divertimento. A outra metade é obter a comida. Quandos os humanos comem, ponha a sua cauda no seu prato quando eles não estejam a olhar. Isso melhora as chances de obter um melhor prato de comida. Nunca coma do seu próprio prato se conseguir tirar alguma comida da mesa. Nunca beba da sua própria agua se conseguir beber algum do copo do humano.

Esconder-se:

Esconda-se em lugares onde os humanos não o encontrem por varios dias. Isto faz com que eles entrem em panico (o que eles adoram) pensando que fugiu. Quando sair das escondidas, os humanos o beijarão e mostrarão o seu amor. E pode receber algo gostoso.

Humanos:

A tarefa dos humanos é dar-nos de comer, brincar connosco, e limpar a nossa caixa. É muito importante que eles não se esqueçam quem é o chefe da casa.

bekommen. Wenn Menschen essen, lege deinen Schwanz auf ihren Teller, wenn sie nicht darauf achten. Damit vergrößerst du deine Chancen, einen besseren Teller mit Essen zu bekommen. Iss nie von deinem eigenen Teller, wenn es dir gelingt, Essen vom Tisch zu nehmen. Trink nie dein eigenes Wasser, wenn es dir gelingt, aus der Tasse eines Menschen zu trinken.

Sich verstecken:

Verstecke dich an Orten, an denen dich Menschen ein paar Tage lang nicht finden können. Das bewirkt, dass die Menschen in Panik gereaten (über das was sie lieben), und denken, dass du geflüchtet bist. Wenn du aus deinem Versteck hervorkommst, werden sie dich küssen und dir ihre Liebe zeigen. Und du bekommst vielleicht etwas Leckeres.

Menschen:

Die Aufgabe des Menschen ist es, uns Essen zu geben, mit uns zu spielen und unsere Kiste sauber zu machen. Es ist sehr wichtig, dass sie nicht vergessen, wer der Chef im Haus ist.

24

Die Audiodatei

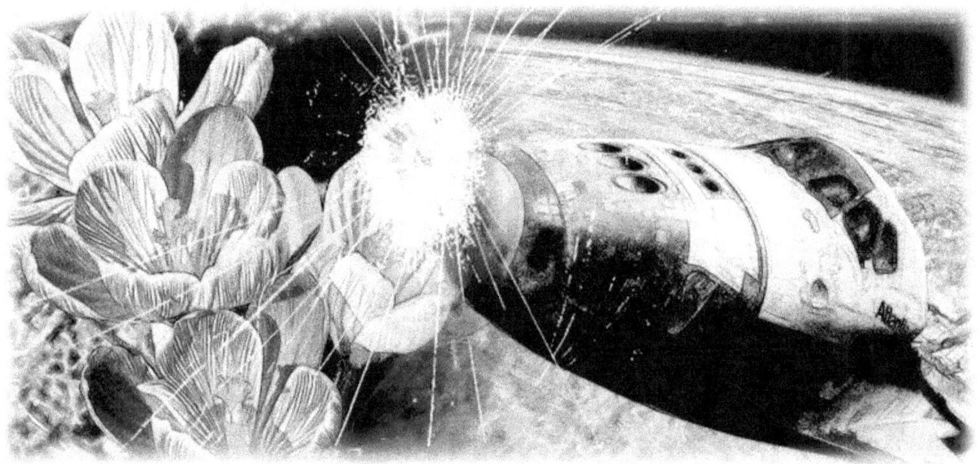

Trabalho de equipa
Teamarbeit

 **A**

Palavras

1. acabado - fertig (acabar)
2. amado - liebte, geliebt (amar)
3. apontar - richten, zeigen
4. até - bis
5. bilhão - Billionen (brasil. Milliarde)
6. cair - fallen, caído - gefallen
7. Capitão - der Kapitän
8. central - Haupt-, zentral
9. colega - der Kollege
10. começou - begann, (começar)
11. conheci - kannte (conhecer)
12. continuar - fortführen; continuou - fortgeführt
13. contra - gegen
14. curto/a - kurz
15. dançar - tanzen; dancei - getanzt (part.); a dançar - tanzend
16. destrói - zerstört (destruyer)
17. disse - sagte (dizer)
18. em breve - bald
19. ensinar - beibringen, lehren
20. espaço - das Weltall

21. extraterrestre - der
    Außerirdische
22. flor - die Blume
23. guerra - der Krieg
24. informado - informierte,
    mitgeteilt
25. jardim - der Garten
26. laser - der Laser
27. ligar - anschalten, verbinden
28. lindo/a - schön
29. mil - tausend
30. morrer - sterben, morto - tot
31. morto - tot, Toter, leblos
32. movido - bewegt, gerührt
33. nave espacial - das Raumschiff
34. olhou - sah, schaute, geschaut
    (olhar)
35. ouvido - hörte, gehört (ouvir)
36. parou - beendete (parar)
37. radar - der Radar
38. rádio - das Radio
39. recordado - erinnert
    (Gerundium) (recordar)
40. resto - der Rest
41. sacudiu - geschüttelt, geräumt,
    gelöscht, geklopft (sacudir)
42. sair embora - hinaus weg,
    weggehen
43. saiu - verließ (sair)
44. série - die Serie
45. sorriu - lächelte, gelächelt
    (sorrir)
46. televisão - der Fernseher
47. Terra - die Erde
48. teve - hatte, gehabt (ter)
49. tomar parte - teilnehmen
50. trabalhando - arbeitend
    (trabalhar)
51. um ou outro - ein oder der
    andere
52. veio - kam, gekommen (vir)

B

José quer ser jornalista. Ele estuda na universidade. Hoje ele tem uma aula de composição. O Sr. Gonçalves ensina-os como escrever uma composição.

"Queridos amigos," disse ele, "Muitos de vocês irão trabalhar

José will Journalist sein. Er studiert an der Universität. Heute hat er eine Unterrichtsstunde über Aufsätze. Herr Gonçalves unterrichtet sie, wie man Aufsätze schreibt.

„Liebe Freunde", sagt er, „Viele von euch werden für Verlage,

para editoras, jornais ou revistas, a rádio ou televisão. Isto quer dizer que irão trabalhar numa equipa. Trabalhar numa equipa não é fácil. Agora quero que vocês façam uma composição jornalistica de equipa. Preciso de um rapaz e uma rapariga."

Muitos alunos querem fazer parte desta equipa O Sr. Gonçalves escolhe José e Carol. Carol é de Espanha mas ela sabe falar portugués muito bem.

"Por favor, sentem-se nesta mesa. Agora são colegas," diz-lhes o Sr. Gonçalves, "Vocês irão escrever uma pequena composição e têm de dá-lo ao vosso colega. O vosso colega irá ler a composição e continuá-la. Depois o vosso colega devolve-a e o primeiro lê a composição e continua. E por ai a fora até o tempo acabar. Eu dou-vos vinte minutos."

O Sr. Gonçalves dá-lhes o papel e Carol começa. Ela pensa um pouco e depois escreve.

Composição em equipa

Carol: Julia olhou atraves da

Zeitungen oder Zeitschriften, für Radio oder Fernsehen arbeiten. Das bedeutet, dass ihr in einem Team arbeiten werdet. Arbeiten in einem Team ist nicht leicht. Ich möchte jetzt, dass ihr im Team einen journalistischen Aufsatz macht. Ich brauche einen Jungen und ein Mädchen."

Viele Studenten wollen bei der Teamarbeit mitmachen. Herr Gonçalves wählt José und Carol. Carol ist aus Spanien, aber sie kann sehr gut Portugiesisch sprechen.

„Setzt auch bitte an diesen Tisch. Ihr seid jetzt Kollegen", sagt Herr Gonçalves zu ihnen. „Ihr werdet einen kurzen Aufsatz schreiben und müsst ihn dann eurem Kollegen geben. Euer Kollege wird den Aufsatz lesen und ihn fortsetzen. Danach gibt euer Kollege ihn zurück, und der Erste liest den Aufsatz und führt ihn fort. Und so weiter, bis die Zeit um ist. Ich gebe euch zwanzig Minuten".

Herr Gonçalves gibt ihnen Papier, und Carol fängt an. Sie denkt kurz nach und schreibt dann.

Aufsatz im Team

Carol: Julia sah aus dem Fenster.

janela. As flores no seu jardim movem-se ao vento como que a dançar. Ela lembrou-se daquele fim de tarde quando ela dançou com o Billy. Foi quase há um ano atrás mas ela lembra-se de tudo - os seus olhos azuis, o seu sorriso e a sua voz. Foi um tempo feliz para ela mas agora acabou. Porque ele não estava com ela?

José: Nesse momento Capitão espacial Billy Brisk estava na sua nave espacial Estrela Branca. Ele tinha uma tarefa importante e não tinha tempo para pensar naquela rapariga tola com quem ele dançou há um ano atrás. Ele rápidamente apontou os lasers da Estrela Branca ás naves espaciais dos extraterrestres. Então ele ligou a rádio e falou com os extraterrestres: "Dou-vos uma hora para se renderem. Se em uma hora vocês não se renderem eu irei destruir-vos." Mas antes que ele acabasse, um laser dos extraterrestres atingiu o motor esquerdo da Estrela Branca. Os laseres do Billy começaram a atingir as naves

Die Blumen in ihrem Garten bewegten sich im Wind, als ob sie tanzten. Sie erinnerte sich an den Abend, an dem sie mit Billy tanzte. Das war vor beinahe einem Jahr gewesen, aber sie erinnert sich an alles - seine blauen Augen, sein Lächeln, seine Stimme. Es war eine glückliche Zeit für sie, aber die war nun vorbei. Warum war er nicht bei ihr?

José: Zu dem Zeitpunkt war Raumschiffkapitän Billy Brisk in seinem Raumschiff Weißer Stern. Er hatte eine wichtige Aufgabe und keine Zeit, über dieses dumme Mädchen, mit dem er vor einem Jahr getanzt hatte, nachzudenken. Schnell richtete er den Laser des Weißen Sterns auf die Raumschiffe von Außerirdischen. Dann stellte er das Funkgerät an und sprach zu den Außerirdischen: „Ich gebe euch eine Stunde, um aufzugeben. Wenn ihr in einer Stunde nicht kapituliert, werde ich euch zerstören." Kurz bevor er seine Rede beendet hatte, traf jedoch ein Laser der Außerirdischen den linken Motor von Weißer Stern. Die Laser von Billy begannen, die Raumschiffe der Außerirdischen zu treffen, und

extraterrestres e ao mesmo tempo ele ligou os motores centrais e direitos. O laser extraterrestre destruiu o motor direito e a Estrela Branca tremeu violentamente. Billy caiu no chão pensando durante a queda qual das naves extraterrestre ele deve destruir primeiro.

Carol: Mas ele bateu com a cabeça no chão de metal e morreu nesse instante. Mas antes de morrer ele lembrou-se da pobre linda rapariga que o amou e ele ficou muito arrependido por se ter ido embora. Em breve as pessoas pararam com a guerra tola contra os pobres extraterrestres. Destruiram todas as naves espaciais, e laseres e informaram os extraterrestres que nunca mais iriam começar uma guerra contra eles. As pessoas disseram que queriam ser amigos com os extraterrestres. Julia ficou muito contente quando ouviu. Depois ligou a televisão e continuou a ver a maravilhosa série portuguesa.

José: Porque as pessoas

gleichzeitig schaltete er den Hauptmotor und den rechten Motor an. Der Laser der Außerirdischen zerstörte den rechten Motor, und die Weißer Stern wackelte stark. Billy fiel auf den Boden und überlegte währenddessen, welches der Raumschiffe der Außerirdischen er zuerst zerstören musste.

Carol: Aber er schlug mit seinem Kopf auf dem Metallboden auf und starb augenblicklich. Aber bevor er starb, erinnerte er sich an das arme schöne Mädchen, das ihn liebte, und er war sehr traurig, dass er weggegangen war. Kurz darauf beendeten die Menschen den dummen Krieg gegen die armen Außerirdischen. Sie zerstörten alle Raumschiffe und Laser und informierten die Außerirdischen, dass sie nie wieder einen Krieg gegen sie beginnen würden. Die Menschen sagten, dass sie Freunde der Außerirdischen sein wollen. Julia war sehr froh, als sie das hörte. Danach machte sie den Fernseher an und schaute weiter eine tolle portugiesische Serie.

José: Da die Menschen ihre eigenen Radare und Laser zerstört

destruiram os seus radares e laseres, ninguém deu conta que as naves espaciais dos extras terrestres vieram até bem perto da Terra. Mil raios de laser dos extraterrestres atingem a terra e matam a pobre Julia e cinco bilhões de pessoas num segundo. A terra estava destruida e as suas partes voaram pelo espaço.

"Vejo que vocês acabaram antes de o tempo terminar," sorriu o Sr. Gonçalves, "Bem a aula terminou. Vamos ler e falar sobre esta composição durante a próxima aula."

hatten, nahm niemand Notiz, dass die Raumschiffe der Außerirdischen der Erde sehr nahe kamen. Tausende Strahlen von den Lasern der Außerirdischen trafen die Erde und töten die arme Julia und fünf Milliarden Menschen in einer Sekunde. Die Erde war zerstört, und ihre Teile flogen in den Weltraum hinaus.

„Ich sehe, dass ihr fertig seid, bevor die Zeit zuende ist", lachte Herr Gonçalves. „Gut, der Unterricht ist vorbei. Wir werden während der nächsten Unterrichtstunde diesen Aufsatz lesen und darüber sprechen."

25

Die Audiodatei

Robert e José estão á procura de um novo trabalho

Robert und José suchen einen neuen Job

 **A**

Palavras

1. agricultor - der Bauer
2. arte - die Kunst
3. artista - der Künstler
4. aviso/anúncio - das Inserat
5. cachorro - der Welpe
6. comida - das Essen
7. consultadoria - die Beratung
8. doutor - der Arzt
9. em voz alta - laut
10. encontrado - gefunden (encontrar)
11. engenheiro - der Ingenieur
12. entretanto - während
13. escritor - der Schriftsteller
14. espaniel - der Spanier; Spaniel (hier)
15. estimar - beurteilen / schätzen
16. gatinho - das Kätzchen
17. Genscher - Genscher
18. habilidades/qualidades - Fähigkeiten / Begabungen
19. idade - das Alter

20. ideia - die Idee
21. líder - der Führer
22. manhoso - schlau
23. mascote/animal de estimação
    - das Haustier
24. método - die Methode
25. monótono - monoton,
    langweilig
26. natureza - die Natur
27. pessoal - persönlich
28. programador - der
    Programmierer
29. questionário - der Fragebogen
30. ratazana - die Ratte
31. recomendar - empfehlen;
    recomendação - die
    Empfehlung
32. rubrica - die Rubrik
33. servir - bedienen
34. sonhar - träumen
35. sonho/a - der Traum
36. sujo/a - dreckig
37. tradutor - der Übersetzer
38. veterinário - der Tierarzt
39. viajar - reisen
40. vizinho - der Nachbar

B

Robert e José estão em casa de José. José está a limpar a mesa depois do pequeno almoço e Robert está a ler os classificados num jornal. Ele está a ler a secção "Animais". A irmã do José Maria está na sala também. Ela está a tentar apanhar o gato escondido debaixo da cama.

"Há muitos animais de estimação de graça no jornal. Eu acho que vou escolher um gato ou um cão. "José o que é que achas?" Robert pergunta a José.

"Maria, não incomodes o gato!"

Robert und José sind bei José zu Hause. José macht nach dem Frühstück den Tisch sauber, und Robert liest Anzeigen in der Zeitung. Er liest die Rubrik ‚Tiere'. Josés Schwester Maria ist auch im Zimmer. Sie versucht, die Katze, die sich unterm Bett versteckt hat, zu fangen.

„Es gibt in der Zeitung viele Haustiere kostenlos. Ich denke, ich werde mir eine Katze oder einen Hund aussuchen. Was meinst du, José?", fragt Robert José.

„Maria, ärgere nicht die Katze",

disse José chateado, "Bem Robert, não é uma má ideia. O teu animal de estimação espera sempre por ti em casa e sempre fica feliz quando voltas a casa e dás-lhe comida. E não te esqueças que tens que levar o teu animal de estimação a caminhar de manhã e à noite e limpar a sua caixa. Ás vezes terás de limpar o chão e levá-lo ao veterinário. Por isso pensa com cuidado antes de arranjares um animal de estimação."

"Bem há aqui alguns anuncios. Ouve," diz Robert e começa a ler em voz alta:

"Encontrou-se um cão branco sujo, parece uma ratazana. Pode viver lá fora por muito tempo. Dou em troca de dinheiro."

Há aquí mais um: "Cão espanhol, fala espanhol. Dá-se gratis. E cachorros metade Espaniel metade cão manhoso do vizinho," Robert olha para José, "Como é que um cão pode falar espanhol?"

"Um cão pode perceber espanhol. Tu percebes espanhol?" pergunta José sorrindo.

sagt José verärgert. „Gut, Robert, das ist keine schlechte Idee. Dein Haustier wartet immer zu Hause auf dich und ist so glücklich, wenn du nach Hause kommst und ihm Futter gibst. Und vergiss nicht, dass du morgens und abends dein Tier spazieren führen und seine Kiste sauber machen musst. Manchmal musst du den Boden putzen oder es zum Tierarzt bringen. Also, denk sorgfältig darüber nach, bevor du dir ein Haustier anschaffst."

„Also, hier sind ein paar Anzeigen. Hör zu", sagt Robert und beginnt, laut vorzulesen:

„Habe einen schmutzigen, weißen Hund gefunden, sieht aus wie eine Ratte. Kann lange draußen leben. Ich gebe ihn für Geld her.

Hiergibr es noch eine: Spanischer Hund, spricht Spanisch. Gebe ihn kostenlos ab. Und kostenlose Welpen, halb Spaniel, halb schlauer Nachbarshund."

Robert sieht José an: „Wie kann ein Hund Spanisch sprechen?"

„Ein Hund kann Spanisch verstehen. Verstehst du Spanisch?", fragt José grinsend.

"Eu não percebo espanhol. Ouve há aquí mais um anuncio:

"Dão-se grátis gatinhos de quinta. Pronto a comer. Eles comem qualquer coisa."

Robert fecha o jornal, " Bem, acho que os animais de estimação podem esperar. É melhor eu procurar um trabalho," ele encontra a secçã de trabalhos e lê em voz alta.

"Está à procura de um trabalho adequado? A consultadoria de trabalho "Pessoal Adequado" pode ajudá-lo. Os nossos consultores irão avaliar as suas habilidades pessoais e dar-lhe-ão uma recomendação sobre a profissão adequada."

Robert levanta o olhar e diz: "José que achas?"

"O melhor trabalho para ti é lavar um camião no mar e deixá-lo flutuar," Maria diz e corre rápidamente para fora do quarto.

"Não é uma má ideia. Vamos agora," José responde e tira o gato cuidadosamente fora da chaleira onde a Maria o pôs há um minuto atrás.

„Ich verstehe kein Spanisch. Hör zu, hier ist noch eine Anzeige:

„Gebe kostenlos Kätzchen vom Bauernhof ab. Bereit zum Essen. Sie essen alles."

Robert blättert die Zeitung um. „Na gut, ich denke, Haustiere können warten. Es ist besser, ich suche einen Job." Er findet den Abschnitt mit den Arbeiten und liest laut:

„Suchen Sie nach einem passenden Job? Die Arbeitsvermittlung ‚Passendes Personal' kann Ihnen helfen. Unsere Berater werden Ihre persönliche Begabung beurteilen und Ihnen eine Empfehlung für den passenden Beruf geben."

Robert hebt den Blick und sagt: „Was meinst du, José?"

„Der beste Job für Dich ist, einen Laster im Meer zu waschen und ihn wegschwimmen zu lassen", sagt Maria und rennt schnell aus dem Zimmer.

„Keine schlechte Idee. Gehen wir", antwortet José und zieht vorsichtig die Katze aus dem Kessel, in den Maria sie kurz zuvor gesteckt hatte.

Robert e José chegam à consultadoria de trabalho "Pessoal Adequado" nas suas bicicletas. Não há fila, então eles entram. Há duas mulheres lá. Uma delas está a falar ao telefone. A outra está a escrever algo. Ela pede a Robert e José que se sentem. O seu nome é Sra Rodrigues. Ela pergunta-lhes o nome e idade.

"Bem, deixem-me explicar-lhe o método que usamos. Olhem, há cinco tipos de profissões.

O primeiro tipo é homem-natureza. Profissões: agricultor, trabalhador zoológico etc.

O segundo tipo é homem-máquina. Profissões: piloto, condutor de táxi, condutor de camião etc.

O terceiro tipo é homem-homem. Profissões: médico, profesor, jornalista etc.

O quarto tipo é homem-computador. Profissões: tradutor, engenheiro, programador etc.

O quinto tipo é homem-arte. Profissões: escritor, artista, cantor etc.

Robert und José kommen mit dem Fahrrad zur Arbeitsvermittlung ‚Passendes Personal'. Es gibt keine Schlange und sie treten ein. Zwei Frauen sind da. Eine von ihnen telefoniert. Die andere schreibt etwas. Sie bittet Robert und José, Platz zu nehmen. Ihr Name ist Frau Rodrigues. Sie fragt sie nach dem Namen und dem Alter.

„Gut, lasst mich euch die Methode erklären, die wir anwenden. Seht, es gibt fünf Berufskategorien:

Die erste Kategorie ist Mensch - Natur. Berufe: Bauer, Tierpfleger usw.

Die zweite Kategorie ist Mensch - Maschine. Berufe: Pilot, Taxifahrer, Lastwagenfahrer usw.

Die dritte Kategorie ist Mensch - Mensch. Berufe: Arzt, Lehrer, Journalist usw.

Die vierte Kategorie ist Mensch - Computer. Berufe: Übersetzer, Ingenieur, Programmierer usw.

Die fünfte Kategorie ist Mensch - Kunst. Berufe: Schriftsteller, Künstler, Sänger usw.

Nós recomendamos uma profissão adequada apenas quando soubermos um pouco mais sobre vocês. Primeiro deixem-me avaliar os vossos dotes pessoais. Eu preciso de saber o que gostam e o que não gostam. Depois temos de saber qual o tipo de profissão que mais se adequa a vocês. Por favor, preencham este questionário agora," diz a Sra Rodrigues e entrega-lhes os questionários. José e Robert preenchem os questionários.

Wir empfehlen einen passende Beruf erst, wenn wir ein wenig mehr über euch wissen. Lasst mich zuerst eure persönlichen Begabungen beurteilen. Ich muss wissen, was ihr mögt und was ihr nicht mögt. Danach müssen wir wissen, welcher Beruf am besten zu euch passt. Füllt jetzt bitte den Fragebogen aus", sagt Frau Rodrigues und gibt ihnen die Fragebögen. José und Robert füllen die Fragebögen aus.

Questionário

Nome: José Rego

Controle de maquinaria - Não me interessa

Falar com pessoas - Gosto

Servir clientes - Não me interessa

Conduzir carros, camiões - Gosto

Trabalhar dentro - Gosto

Trabalhar fora - Gosto

Memorizar muito - Não me interessa

Viajar - Gosto

Estimar, verificar - Odeio

Trabalho sujo - Não me interessa

Trabalho monótono - Odeio

Trabalho duro - Não me interessa

Liderar - Não me interessa

Trabalhar em equipa - Não me

Fragebogen

Name: José Rego

Maschinen kontrollieren - Ist mir egal

Mit Menschen sprechen - Mag ich

Kunden bedienen - Ist mir egal

Autos, Lastwagen fahren - Mag ich

Drinnen arbeiten - Mag ich

Draußen arbeiten - Mag ich

Viel merken - Ist mir egal

Reisen - Mag ich

Bewerten, kontrollieren - Hasse ich

Dreckige Arbeit - Ist mir egal

Monotone Arbeit - Hasse ich

Schwere Arbeit - Ist mir egal

Führen - Ist mir egal

Teamarbeit - Ist mir egal

Während der Arbeit träumen - Mag

interessa

Sonhar no trabalho - Gosto

Dar formação - Não me interessa

Trabalho creativo - Gosto

Trabalhar com textos - Gosto

Questionario

Nome: Robert Genscher

Controle de maquinaria - Não me interessa

Falar com pessoas - Gosto

Servir clientes - Não me interessa

Conduzir carros, camiões - Não me interessa

Trabalhar dentro - Gosto

Trabalhar fora - Gosto

Memorizar muito - Não me interessa

Viajar - Gosto

Estimar, verificar - Não me interessa

Trabalho sujo - Não me interessa

Trabalho monótono - Odeio

Trabalho duro - Não me interessa

Liderar - Odeio

Trabalhar em equipa - Gosto

Sonhar no trabalho - Gosto

Dar formação - Não me interessa

Trabalho creativo - Gosto

Trabalhar com textos - Gosto.

ich

Schulungen durchführen- Ist mir egal Kreative Arbeit - Mag ich

Mit Texten arbeiten - Mag ich

Fragebogen

Name: Robert Genscher

Maschinen kontrollieren - Ist mir egal

Mit Menschen sprechen - Mag ich

Kunden bedienen - Ist mir egal

Autos, Lastwagen fahren - Ist mir egal

Drinnen arbeiten - Mag ich

Draußen arbeiten - Mag ich

Viel merken - Ist mir egal

Reisen - Mag ich

Bewerten, kontrollieren - Ist mir egal

Dreckige Arbeit - Ist mir egal

Monotone Arbeit - Hasse ich

Schwere Arbeit - Ist mir egal

Führen - Hasse ich

Teamarbeit - Mag ich

Während der Arbeit träumen - Mag ich

Schulungen geben - Ist mir egal

Kreative Arbeit - Mag ich

Mit Texten arbeiten - Mag ich.

26

Die Audiodatei

Candidatar-se ao "Noticias Porto"

Bewerbung bei den "Porto News"

 **A**

Palavras

1. acompanhar - begleiten
2. adeus - Auf Wiedersehen
3. aprendido sobre - gelernt über
4. asterisco - das Sternchen
5. avaliou - ausgewertet (avaliar)
6. campo - das Feld
7. candidatar, aplicar - sich bewerben, anwenden
8. chegou - angekommen (chegar)
9. criminal - kriminell
10. deu - gab (dar)
11. dezassete - siebzehn
12. editor - der Herausgeber
13. educação - die Ausbildung
14. em branco, vazio - leer
15. esbelto - dünn / schlank

16. estado - der Stand
17. estado civil - der Familienstand
18. feminino - weiblich
19. finanças - die Finanzwissenschaft
20. fluentemente - fließend
21. formulário - das Formular
22. informação - die Information, die Angabe
23. informar - berichten
24. masculino - männlich
25. menina - das Mädchen
26. nacionalidade - die Nationalität
27. patrulha - die Patrouille, die Streife
28. penal - strafbar
29. perguntou - fragte (preguntar)
30. podia - könnte, kann (poder)
31. polícia - die Polizei
32. recomendado - empfohlen
33. repórter - der Reporter
34. sair - hinaus gehen (fahren)
35. segundo nome - der zweite Name
36. semana - die Woche
37. sexo - das Geschlecht
38. solteiro/a - ledig
39. sublinhar - unterstreichen
40. tomou - nahm (tomar)
41. trabalhou - arbeitete (trabalhar)
42. vinte e um - einundzwanzig

B

A Sra. Rodrigues avaliou as respostas do José e do Robert nos questionários. Quando ela se informasse sobre os dotes pessoais deles ela poderia recomendar a profissão adequada. Ela disse que o terceiro tipo de profissão era o mais adequado para eles. Eles podiam trabalhar como médicos, professores ou jornalistas etc. A Sra. Rodrigues

Frau Rodrigues wertete Josés und Roberts Antworten in den Fragebögen aus. Als sie sich über deren persönliche Begabungen informiert hatte, konnte sie einen passenden Beruf empfehlen. Sie sagte, dass die dritte Berufskategorie die passendste für sie war. Sie könnten als Arzt, Lehrer oder Journalist usw. arbeiten. Frau

recomendou que candidatassem a um emprego na "Noticias Porto". Eles dão part-time a estudantes para comporem relatórios de policía para a secção criminal. Assim Robert e José chegaram ao departamento de pessoal do jornal "Noticias Porto" e candidataram-se para esse trabalho.

"Nós estivemos na consultadoria de trabalho "Pessoal Adequado" hoje," disse José a Mna. Delgado, que era a chefe do departamento de pessoal, "Eles recomendaram que nós nos candidatassemos ao seu jornal."

"Bem, Já trabalharam como reporteres antes?" pregunta a Mna. Delgado.

"Não, não trabalhámos," responde José.

"Por favor, preencham este formulario com a vossa informção pessoal," disse a Mna. Delgado e deu-lhes dois formulários. Robert e José preencheran o formulárioro com as informações pessoais.

Rodrigues empfahl, dass sie sich um einen Job bei ‚Porto Nachrichten' bewerben sollten. Sie geben Teilzeitarbeit an Studenten, um die Polizeiberichte in der Rubrik Verbrechen zu verfassen. So kamen Robert und José bei der Personalabteilung der Zeitung ‚Porto Nachrichten' an und bewarben sich für diese Arbeit.

„Wir waren heute bei der Berufsberatung „Passende Mitarbeiter", sagte José zu Frau Delgado, die Leiterin der Personalabteilung war. „Sie haben uns empfohlen, uns bei Ihrer Zeitung zu bewerben."

„Haben Sie schon zuvor als Reporter gearbeitet?", fragte Frau Delgado.

„Nein, haben wir nicht", antwortete José.

„Füllen Sie bitte diese Formulare mit Ihren persönlichen Daten aus", sagte Frau Delgado und gab ihnen zwei Formulare. Robert und José füllten die Formulare mit ihren persönlichen Daten aus.

Formulário de informação pessoal

Deve preencher os campos com o asterisco*. Pode deixar os outros campos em branco.

Nome Próprio* - José

Segundo Nome

Apelido* - Rego

Sexo* - (sublinhe) <u>Masculino</u> Feminino

Idade* - Vinte anos

Nacionalidade* - Português

Estado Civil - (sublinhe) <u>Solteiro</u> Casado

Morada* - Rua da Rainha N 11 Porto

Educação - Estudo terceiro ano de Jornalismo na Universidade

Onde trabalhou antes? - Trabalhei dois meses como agricultor

Que experiência e aptidões tem?* - Sei conduzir veiculos, e sei usar um computador.

Linguas* (0 - não, 10 - fluentemente) - português - 10, inglês - 8

Carta de condução* - (sublinhe)

Formular für Persönliche Angaben

Alle mit einem Sternchen * markierten Felder müssen ausgefüllt werden. Die anderen Felder können leer gelassen werden.

Vorname* - José

Zweiter Name

Nachname* - Rego

Geschlecht* (unterstreiche) - <u>männlich</u> weiblich

Alter* - Zwanzig

Nationalität* - Portugiese

Familienstand (unterstreiche) - <u>ledig</u> verheiratet

Adresse* - Rua da Rainha N 11 Porto

Ausbildung - Ich studiere Journalismus im dritten Jahr an der Universität

Wo vorher gearbeitet? - Ich arbeitete zwei Monate als Bauer

Welche Erfahrung und Fähigkeiten haben Sie? - Ich kann Auto und Lastwagen fahren und kann den Computer bedienen (benutzen).

Sprachen* (0 - nein, 10 - fließend) - Portugiesisch - 10, Englisch - 8

Não <u>Sim</u> Tipo: BC, Sei conduzir camiões

Führerschein* (unterstreiche) - Nein <u>Ja</u> Typ: BC Kann Lastwagen fahren.

Precisa de trabalho* - (sublinhe) A tempo inteiro <u>Meio-dia</u>: 15 horas por semana

Arbeitsbedarf* (unterstreiche) - Vollzeit <u>Halbtags</u>: 15 Stunden die Woche

Expectativas salariais - 15 euros por hora

Erwarteter Verdienst - 15 Euro die Stunde

Formulário de informação pessoal

Formular für Persönliche Angaben

Deve preencher os campos com o asterisco*. Pode deixar os outros campos em branco.

Alle mit einem Sternchen * markierten Felder müssen ausgefüllt werden. Die anderen Felder können leer gelassen werden.

Nome Próprio* - Robert

Vorname* - Robert

Segundo Nome

Zweiter Name

Apelido* - Genscher

Nachname* - Genscher

Sexo* (sublinhe) - <u>Masculino</u> Feminino

Geschlecht* (unterstreiche) - <u>männlich</u> weiblich

Idade* - Vinte e um anos

Alter* - einundzwanzig

Nacionalidade* - Alemão

Nationalität* - Deutscher

Estado Civil - (sublinhe) <u>Solteiro</u> Casado

Familienstand (unterstreiche) - <u>ledig</u> verheiratet

Morada* - Quarto 218, Dormitório Universitario, Rua da Universidade 5, Porto, Portugal

Adresse* - Zimer 218, Studentenwohnheim, Rua da Universidae 5, Porto, Portugal

Educação - Estudo no segundo ano Design de computadores na Universidade

Ausbildung - Ich studiere Computerdesign im zweiten Jahr an der Universität

Onde trabalhou antes? - Trabalhei dois meses como agricultor

Wo zuvor gearbeitet? - Arbeitete zwei Monate als Bauer

Que experiência e aptidões tem?* - Sei usar um computador

Welche Erfahrung und Fähigkeiten haben Sie?* - Ich kann mit dem Computer umgehen

Linguas* (0 - não, 10 - fluentemente) - alemão -10, português - 8

Sprachen* (0 - nein, 10 - fließend) - Deutsch - 10, Englisch - 8

Carta de condução* - (sublinhe) Não Sim Tipo:

Führerschein (unterstreiche)* - Nein Ja Typ:

Precisa de trabalho* - (sublinhe) A tempo inteiro Meio-dia: 15 horas por semana

Arbeitsbedarf* (unterstreiche) - Vollzeit Halbtags: 15 Stunden die Woche

Expectativas salariais - 15 euros por hora

Erwarteter Verdienst - 15 Euro die Stunde

A Mna. Delgado levou os formulários e informação pessoal ao editor de "Noticias Porto".

Frau Delgado brachte die Formulare mit ihren persönlichen Informationen zum Herausgeber der ‚Porto Nachrichten'.

"O editor está de acordo," Disse a Mna. Delgado quando voltou, "Você irão acompanhar a patrulha de policía e compor os relatórios para a seção criminal. Um carro de policía virá amanhã às dezassete horas para os levar. Estejam cá a essa hora, está bem?"

„Der Herausgeber ist einverstanden", sagte Frau Delgado, als sie zurückkam. „Sie werden eine Polizeistreife begleiten und dann für die Kriminalrubrik einen Bericht verfassen. Morgen um siebzehn Uhr wird ein Polizeiauto kommen und Sie abholen. Seien Sie zu dieser Zeit da, ist das ok?"

"Claro," respondeu Robert.

„Klar", antwortete Robert.

"Sim, estaremos," disse José, "Adeus."

„Ja, wir werden da sein", sagte José. „Auf Wiedersehen".

"Adeus," respondeu a Mna. Delgado.

„Auf Wiedersehen", antwortete Frau Delgado.

27

A patrulha de policia (parte 1)

Die Polizeistreife (Teil 1)

 **A**

Palavras

1. a uivar - heulend
2. abriu - öffnete (abrir)
3. acompanhou - begleitete (acompanhar)
4. agente - der Agent
5. alarme - der Alarm
6. algemas - die Handschellen
7. apertar - anschnallen
8. arma - die Waffe
9. arrancou - startete (arrancar)
10. assaltante/ladrão - Einbrecher/Dieb
11. assalto - der Überfall, Einbruch
12. assunto, negócio - Angelegenheit, Geschäft
13. cem - hundert
14. chave - der Schlüssel

15. cinto de segurança - der Sicherheitsgurt
16. com medo - ängstlich
17. condutor temerário - der Raser
18. conduziu - fuhr (conduzir)
19. conheceu - getroffen, kennengelernt (conhecer)
20. correu - raste (correr)
21. demonstrou - zeigte (demonstrar)
22. doze - zwölf
23. em volta - umher
24. entendeu - verstanden (entender)
25. escondeu - versteckte (esconder)
26. esperou - wartete (esperar)
27. fechado - geschlossen
28. fez - tat (fazer)
29. grande - groß
30. gritou - rief (gritar)
31. ladrão - der Dieb, ladrões - die Diebe
32. ladrou - bellte (ladrar)
33. ligou - anstellen (den Motor) (ligar)
34. limite - die Begrenzung
35. maldito - verdammt
36. microfone - das Mikrofon
37. perseguição - die Verfolgung
38. pisou - trat (pisar)
39. polícia - Polizist
40. preço - der Preis
41. sargento - der Wachtmeister
42. secar - trocknen
43. seco - trocken
44. sirene - die Sirene
45. toda a gente - alle / jeder
46. tratou - versuchte (tratar)
47. velocidade - die Geschwindigkeit; excesso de velocidade - Geschwindigkeitsüberschreitung

B

Robert e José chegaram ao edificio do "Noticias Porto" às dezassete horas do dia seguinte. O carro da policía já lá estava à espera deles. Um policía saiu do

Am nächsten Tag trafen Robert und José um siebzehn Uhr zum Gebäude der Zeitung ‚Porto Nachrichten' ein. Das Polizeiauto wartete schon auf sie. Ein Polizist

carro.

"Olá. Eu sou o sargento Francisco Seixas," disse quando José e Robert aproximaram-se do carro.

"Olá. Prazer em conhecê-lo. Meu nome é Robert. Temos de acompanhá-lo," respondeu Robert.

"Olá. Eu sou o José. Estiveram há muito tempo à nossa espera?" Perguntou o José.

"Não. Acabei de chegar aquí. Vamos entrar no carro. Vamos começar a patrulha da cidade agora," disse o policia. Entráram todos no carro da policía.

"É a primeira vez que acompanham uma patrulha de policía?" perguntou sargento Seixas ao ligar o motor.

"Nunca acompanhámos a patrulha da policía antes," respondeu José.

Nesse momento o rádio da policía começou a falar: "Atenção P11 e P07! Está um carro azul a conduzir com excesso de velocidade ao longa da Rua da

stieg aus dem Auto.

„Hallo. Ich bin Wachtmeister Francisco Seixas", sagte er, als José und Robert sich dem Auto näherten.

"Hallo, schön, Sie kennenzulernen. Ich heiße Robert. Wir sollen Sie heute begleiten", antwortete Robert.

„Hallo, ich bin José. Haben Sie schon lange auf uns gewartet?", fragte José.

„Nein, ich bin gerade erst gekommen. Lasst uns einsteigen. Wir fangen jetzt mit der Streife in der Stadt an", sagte der Polizist. Sie stiegen alle ins Polizeiauto.

„Begleitet ihr zum ersten Mal eine Polizeistreife?", fragte Wachtmeister Seixas und startete den Motor.

„Wir haben noch nie eine Polizeistreife begleitet", antwortete José.

In diesem Moment begann das Funkgerät sich zu melden: „Achtung P11 und P07! Es gibt ein blaues Auto, das fährt mit Übertretung der Geschwindigkeit die

Universidade."

"P07 recebido," disse o sargento Seixas ao microfone. Depois disse aos rapazes: "O numero do nosso carro é o P07."

Um grande carro azul passou apressado em frente a eles a alta velocidade. Francisco Seixas pegou no microfone outra vez e disse: "P07 a comunicar. Eu vejo o carro azul com excesso de velocidade. Começar perseguição," depois ele disse aos rapazes, "Apertem o cinto de segurança."

O carro da polícia arrancou imediatamente. O sargento pisou a fundo no acelerador e ligou a sirene. Eles apressaram-se com as sirenes a uivar pasando edificios, carros e autocarros. Francisco Seixas fez o carro azul parar. O sargento saiu do carro e foi ter com o condutor. José e Robert foram atrás dele.

"Sou o oficial de policía Francisco Seixas. Mostre-me a sua carta de condução, por favor," disse o policía ao condutor.

"Aqui está a minha carta de

Universitätsstraße entlang."

„P07 erhalten", sagte Wachtmeister Seixas ins Mikrofon. Danach sagte er zu den Jungs: „Die Nummer unseres Autos ist P07."

Ein großes blaues Auto fuhr eilig mit hoher Geschwindigkeit an ihnen vorbei. Francisco Seixas nahm das Mikrofon erneut und sagte: „Hier spricht P07. Ich sehe das Auto mit überhöhter Geschwindigkeit. Beginne die Verfolgung". Danach sagte er zu den Jungs: „Legt die Sicherheitsgurte an!"

Das Polizeiauto startete schnell. Der Wachtmeister trat das Gaspedal durch und schaltete die Sirene an. Mit heulender Sirene rasten sie an Gebäuden, Autos und Bussen vorbei. Francisco Seixas brachte das blaue Auto zum Stoppen. Der Wachtmeister stieg aus dem Auto aus und ging zu dem Fahrer. José und Robert gingen hinter ihm.

„Ich bin Polizeibeamter Francisco Seixas. Zeigen Sie mir bitte Ihren Führerschein", sagte der Polizist zu dem Fahrer.

„Hier ist mein Führerschein."

condução," o condutor mostrou a sua carta de condução, "O que se passa?" perguntou ele iradamente.

"Você estava a conduzir através da cidade com a velocidade de cento vinte kilómetros por hora. O limite de velocidade é de sesenta," disse o sargento.

"Ah, isso. Veja, eu acabei de lavar o meu carro. Por isso estava a conduzir um pouco mais rápido para secá-lo," disse o homem com um sorriso manhoso.

"Custou-lhe muito lavar o carro?" perguntou o policia.

"Não muito. Custou-me doze euros," diz o condutor.

"Você não sabe o preço," disse o sargento Seixas, "Na verdade custou-lhe duzentos e doze euros porque você vai pagar duzentos euros para secar o carro. Aqui está a sua multa. Tenha um bom dia," disse o policia. Ele deu-lhe a multa por excesso de velocidade de duzentos euros e a carta de condução ao condutor e voltou

Der Fahrer zeigte seinen Führerschein. „Was ist los?", fragte er wütend.

„Sie sind mit einer Geschwindigkeit von hundertzwanzig Stundenkilometer durch die Stadt gefahren. Die Geschwindigkeitsbegrenzung ist sechzig", sagte der Wachtmeister.

„Ach so, das. Wissen Sie, ich habe gerade mein Auto gewaschen. Deshalb bin ich ein bisschen schneller gefahren, damit es trocknet", sagte der Mann mit einem schlauen Grinsen.

„Kostet es Sie viel, das Auto zu waschen?", fragte der Polizist.

„Nicht viel. Es kostet mich zwölf Euro", sagte der Fahrer.

„Sie kennen die Preise nicht", sagte Wachtmeister Seixas. „In Wirklichkeit kostet es Sie zweihundertzwölf Euro, denn Sie werden zweihundert Euro für das Trocknen des Autos bezahlen. Hier ist die Geldbuße. Einen schönen Tag noch", sagte der Polizist. Er gab ihm eine Geldbuße von zweihundert Euro für Geschwindigkeitsüberschreitung und gab dem Fahrer den

para o carro de policia.

"Francisco, acho que voce tem muita experiência com os condutores com excesso de velocidade, não é?" perguntou José ao policia.

"Já conheci muitos deles," Francisco disse ligando o motor, "Primeiro parecem tigres irados ou raposas manhosas. Mas depois de eu falar com eles, eles parecem gatinhos ou macacos tolos. Como aquele no carro azul."

Entretanto um pequeno carro branco estava a conduzir lentamente ao longo da rua não longe do parque da cidade. O carro parou perto de uma loja. Um homem e uma mulher saem do carro e foram para a loja. Estava fechado. O homem olhou em volta. Depois rápidamente tirou as chaves e tentou abrir a porta. Finalmente a porta abriu e eles entraram lá dentro.

"Olha! Há tantos vestidos aqui!" disse a mulher. Ela tirou um saco grande e começou a por tudo lá dentro. Quando o saco estava cheio, ela levou-o para o

Führerschein und kehrte zum Polizeiauto zurück.

„Francisco, ich nehme an, Sie haben viel Erfahrung mit den Fahrern, die die Geschwindigkeit übertreten, nicht wahr?", fragte José den Polizisten.

„Ich habe schon viele kennengelernt", sagte Francisco den Motor startend. „Zuerst sehen sie wie wütende Tiger oder schlaue Füchse aus. Aber nachdem ich mit ihnen gesprochen habe, sehen sie wie Kätzchen oder dumme Affen aus. Wie jener im blauen Auto."

In der Zwischenzeit fuhr ein kleines, weißes Auto nicht weit vom Stadtpark langsam die Straße entlang. Das Auto hielt in der Nähe eines Ladens. Ein Mann und eine Frau stiegen aus dem Auto aus und gingen zu dem Laden. Er war geschlossen. Der Mann sah sich um. Dann zog er schnell die Schlüssel heraus und versuchte, die Tür zu öffnen. Schließlich ging die Tür auf, und sie gingen hinein.

„Sieh! Es gibt hier so viele Kleider", sagte die Frau. Sie holte eine große Tasche hervor und begann, alles hineinzupacken. Als die

carro e voltou.

"Leva tudo rápido! Oh! Que chapéu maravilhoso!" disse o homem. Ele tirou o grande chapéu preto da montra e colocou-o na cabeça.

"Olha esse vestido vermelho! Gosto muito dele!" a mulher diz e veste o vestido vermelho. Ela não tem mais sacos. Então ela levou mais coisas nas mãos, correu là para fora e meteu-os no carro. Depois correu lá para dentro para trazer mais coisas.

O carro da policia estava a pasar lentamente ao longo do parque da cidade quando o rádio começou a falar: "Atenção todas as patrulhas. Temos um alarme de assalto de uma loja perto do parque da cidade. A morada é Rua do Parque n. 72."

"P07 recebido," disse Francisco ao microfone, "Estou muito perto do local. Vou conduzir até lá cerca."

Eles encontraram rápidamente a loja e conduziram até ao carro branco. Eles sairam do carro e esconderam-se atrás

Tasche voll war, brachte sie sie zum Auto und kam zurück.

„Nimm schnell alles! Oh! Was für ein schöner Hut!", sagte der Mann. Er nahm einen großen schwarzen Hut aus dem Schaufenster und setzte ihn auf den Kopf.

„Sieh dir dieses rote Kleid an! Das mag ich sehr!", sagte die Frau und zog das rote Kleid an. Sie hatte keine Taschen mehr. Deswegen nahm sie mehr Sachen in die Hände, rannte nach draußen und legte sie ins Auto. Danach rannte sie nach drinnen, um noch mehr Dinge zu holen.

Das Polizeiauto P07 fuhr gerade langsam den Stadtpark entlang, als das Funkgerät sich zu melden begann: „Achtung, an alle Einheiten. Wir haben einen Einbruchsalarm von einem Laden in der Nähe des Stadtparks. Die Adresse des Ladens ist Parkstraße 72."

„P07 erhalten", sagte Francisco ins Mikrofon. „Ich bin ganz in der Nähe. Ich werde jetzt dorthin fahren."

Sie hatten den Laden schnell gefunden und fuhren bis zu dem weißen Auto. Dann stiegen sie aus

dele. A mulher num vestido vermelho correu para fora da loja. Ela põe uns vestidos no carro da policia e correu de volta para a loja. Ela fê-lo tão rápido que não viu que era o carro da policia.

"Maldito seja! Esqueci-me da minha arma na estação de policia!" disse Francisco. Robert e José olharam para o sargento Seixas e depois surpreendidos um para o outro. O policia estava tão confuso que o José e o Robert entenderam que o deviam ajudar também. A mulher correu outra vez fora da loja e põe os vestidos no carro da policia e corre de volta. Então o José diz ao Francisco: "Nós podemos fingir que temos armas."

"Vamos a isso," respondeu Francisco, "Mas não se levantem. Os asaltantes podem ter armas," ele disse depois gritou, "Aquí fala a policia! Toda a gente que estiver dentro da loja ponham as mãos no ar e saiam lentamente um a um para fora da loja!"

Esperaram um minuto. Ninguém saiu. Então o Robert

dem Auto aus und versteckten sich dahinter. Die Frau im roten Kleid rannte aus dem Laden. Sie legte einige Kleider auf das Polizeiauto und rannte zurück in den Laden. Die Frau machte das so schnell, dass sie nicht sah, dass es ein Polizeiauto war.

„Verdammt! Ich habe meine Waffe auf der Polizeiwache vergessen!", sagte Francisco. Robert und José sahen Wachtmeister Seixas und anschließend einander überrascht an. Der Polizist war so verwirrt, dass José und Robert verstanden, dass sie ihm helfen mussten. Die Frau rannte wieder aus dem Laden, legte Kleider auf das Polizeiauto und rannte zurück. Dann sagte José zu Francisco: „Wir können so tun, als ob wir Waffen haben."

„Machen wir das", antwortete Francisco. „Aber ihr steht nicht auf. Die Einbrecher könnten Waffen haben", sagte er und rief dann: „Hier spricht die Polizei! Alle, die im Laden sind, heben ihre Hände hoch und kommen langsam einer nach dem anderen aus dem Laden heraus!"

Sie warteten eine Minute. Niemand kam. Dann hatte Robert

teve uma ideia.

"Se não sairem agora soltaremos um cão policia em vós!" ele gritou e depois ladrou como um cão raivoso. Os asaltantes correram para fora com as mãos no ar imediatamente. Francisco põe rápidamente as algemas neles e põe-nos no carro. Depois diz ao Robert: "Foi uma grande ideia fingir que nós tinhamos um cão! Vês, eu já me esqueci da minha arma duas vezes. Se eles descobrem que me esqueci pela terceira vez, eles podem despedir-me ou obrigar-me a fazer trabalho de escritorio. Vocês não vão dizer a ninguém sobre isto, vão?"

"Claro que não!" disse Robert.

"Nunca," disse José.

"Muito obrigado por ajudarem-me, rapazes!" Francisco apertou-lhes fortemente as mãos.

eine Idee.

"Wenn ihr jetzt nicht rauskommt, lassen wir den Polizeihund auf euch los!", rief er und bellte anschließend wie ein großer, wütender Hund. Die Einbrecher kamen sofort mit erhobenen Händen herausgerannt. Francisco legte ihnen schnell Handschellen an und brachte sie ins Auto. Danach sagte er zu Robert: „Das war eine großartige Idee, zu finfieren, als hätten wir einen Hund. Weißt du, ich habe meine Waffe schon zweimal vergessen. Wenn sie herausfinden, dass ich sie zum dritten Mal vergessen habe, entlassen sie mich vielleicht oder verpflichten mich, Büroarbeit zu machen. Ihr werdet doch niemandem davon erzählen, oder?"

„Natürlich nicht!", sagte Robert.

„Nie", sagte José.

„Vielen Dank für eure Hilfe, Jungs!" Francisco schüttelte ihnen kräftig die Hand.

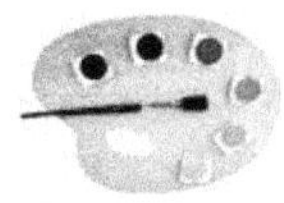

28

Die Audiodatei

A patrulha de policia (parte 2)

Die Polizeistreife (Teil 2)

A

Palavras

1. abriu - geöffnet (abrir)
2. ainda - noch
3. alguém - jemand
4. bolso - die Tasche
5. botão - der Knopf
6. caixa forte - der Tresor
7. caixa registadora - die Kasse
8. centro comercial - das Einkaufszentrum
9. com licença. - Entschuldigen Sie.
10. copo - das Glas
11. cujo - wessen / dessen
12. dar/pedir licença - sich entschuldigen

13. dinheiro - das Bargeld
14. esperto - schlau
15. homens - die Männer
16. ido - weg
17. inconsciente - bewusstlos
18. João - João
19. meu - mein
20. ontem - gestern
21. operador de caixa - der
    Kassierer
22. pressionar - drücken
23. proteger - beschützen
24. raramente - selten
25. respondeu - antwortete
    (responder)
26. ricochete - abprallen
27. Roberto - Roberto
28. roubado - gestohlen
29. secretamente - heimlich
30. senhora - Dame
31. sinceramente - ehrlich
32. também - auch
33. telefonar - anrufen
34. telefone - das Telefon
35. telemóvel - das Handy
36. teu - dein
37. tiro - Schuss; angeschossen
38. tocou - klingelte (tocar)
39. tomado - gebracht
40. usual - gewöhnlich
41. virou - drehte (virar)
42. viu - sah (ver)

B

No dia seguinte Robert e José acompanharam Francisco outra vez. Eles em pé em frente ao centro comercial quando uma senhora veio ter com eles.

"Podem ajudar-me por favor?" perguntou ela.

"Claro, senhora. O que aconteceu?" perguntou Francisco.

"O meu telemóvel desapareceu. Eu acho que foi

Am nächsten Tag begleiteten Robert und José Francisco wieder. Sie standen neben einem großen Einkaufszentrum, als eine Frau zu ihnen kam.

„Können Sie mir bitte helfen?", fragte sie.

„Natürlich. Was ist passiert?", fragte Francisco.

"Mein Handy ist verschwunden.

roubado."

"Usou-o hoje?" perguntou a polícia.

"Eu usei-o antes de sair do centro comercial," ela respondeu.

"Vamos lá dentro," disse Francisco. Eles foram para o centro comercial e olharam à volta. Havia muitas pessoas là.

"Vamos a tentar um velho truque," disse Fransciso pegando no seu próprio telefone, "Qual é o seu numero de telefone?" ele perguntou à mulher. Ela disse e ele ligou para o numero do telemovel dela. Um telefone tocou não longe deles. Eles foram para o local onde o telefone estava a tocar. Havia uma fila là. Um homem na fila olhou para o polícia e rápidamente desviou a cabeça. O polícia veio mais perto ouvindo cuidadosamente. O telefone estava a tocar no bolso do homem.

"Desculpe," disse Francisco. O homem olhou para ele.

"Desculpe, o seu telefone está a tocar," disse Francisco.

Ich glaube, es wurde gestohlen."

"Haben Sie es heute benutzt?", fragte der Polizist.

„Ich benutzte es, vor dem Verlassen des Einkaufszentrum", antwortete die Frau.

„Gehen wir hinein", sagte Francisco. Sie gingen ins Einkaufszentrum und sahen sich um. Viele Leute waren dort.

„Wir werden einen alten Trick versuchen", sagte Francisco während er sein eigenes Telefon nahm. „Wie ist Ihre Telefonnummer?", fragte er die Frau. Sie sagte es, und er rief die Nummer ihres Handys an. Nicht weit von ihnen klingelte ein Telefon. Sie gingen zu der Stelle, an der das Telefon klingelte. Dort war eine Schlange. Ein Mann in der Schlange sah den Polizisten an und drehte schnell den Kopf weg. Der Polizist ging näher hin und horchte aufmerksam. Das Telefon klingelte in der Tasche des Mannes.

„Entschuldigen Sie", sagte Francisco. Der Mann sah ihn an.

„Entschuldigen Sie, Ihr Handy

"Onde?" disse o homem.

"Aqui, no seu bolso," disse Francisco.

"Não, não está," disse o homem.

"Sim, está," disse Francisco.

"Não é meu," disse o homem.

"Então de quem é esse telefone que está a tocar no seu bolso?" perguntou Francisco.

"Não sei," respondeu o homem.

"Deixe-me ver, por favor," disse Francisco e tirou o telefone do bolso do homem.

"Oh, é meu!" gritou a mulher.

"Tome o seu telefone, senhora," disse Francisco dando-o a ela.

"Permita-me senhor?" perguntou Francisco e meteu a mão no bolso do homem outra vez. Ele tirou outro telefone, e depois mais outro.

"Estes também não são seus?" Francisco perguntou ao homem.

O homem abanou a cabeça e

klingelt", sagte Francisco.

„Wo?", sagte der Mann.

„Hier, in Ihrer Tasche", sagte Francisco.

„Nein, es klingelt nicht", sagte der Mann.

„Doch, es klingelt", sagte Francisco.

„Das ist nicht meins", sagte der Mann.

„Wem ist dann dieses Telefon, das in Ihrer Tasche klingelt?", fragte Francisco.

„Ich weiß es nicht", antwortete der Mann.

„Lassen Sie es mich bitte sehen", sagte Francisco und zog das Handy aus der Tasche des Mannes.

„Oh, das ist meins!", rief die Frau.

„Nehmen Sie Ihr Telefon, die Dame", sagte Francisco und gab es ihr.

„Darf ich, der Herr?", fragte Francisco und steckte seine Hand wieder in die Tasche des Mannes. Er zog ein anderes Handy hervor und dann noch eins.

„Sind das auch nicht Ihre?", fragte Francisco den Mann.

Der Mann schüttelte den Kopf

desviou o olhar.

"Que telefones tão estranhos!" gritou Francisco, "Eles fugiram dos seus donos e saltaram para dentro dos bolsos deste homem! E agora estão a tocar no seu bolso, não estão?"

"Sim, estão," disse o homem.

"Sabe, o meu trabalho é proteger as pessoas. E eu vou protegê-lo a si deles. Entre no meu carro e eu vou levá-lo para um lugar onde nenhum telefone salta para os seus bolsos. Vamos para a estação da polícia," disse o polícia. Depois pegou no homem e levou-o para o carro de polícia.

"Eu gosto dos criminosos tolos," Francisco Seixas sorriu após terem levado o ladrão à estação de polícia.

"Já conheceu alguns expertos?" perguntou José.

"Sim, já conheci. Mas é muito raro," o polícia respondeu, "Porque é muito difícil apanhar um criminoso esperto."

Entretanto dois homens entram no Banco Expresso. Um

und sah weg.

„Was für seltsame Handys!", rief Francisco. „Sie sind ihren Besitzern davongelaufen und in die Tasche dieses Mannes gesprungen! Und jetzt klingeln sie in seiner Tasche, oder nicht?"

„Ja, das tun sie", sagte der Mann.

„Wie Sie wissen, ist es meine Arbeit, Menschen zu beschützen. Und ich werde Sie vor ihnen beschützen. Steigen Sie in mein Auto, und ich bringe Sie an einen Ort, wo kein Telefon in Ihre Tasche springen kann. Wir fahren zum Polizeirevier", sagte der Polizist. Anschließend packte er den Mann und brachte ihn zum Polizeiauto.

„Ich mag dumme Verbrecher", sagte Francisco Seixas grinsend, nachdem sie den Dieb auf das Polizeirevier gebracht hatten.

„Haben Sie schon einige schlaue getroffen?", fragte José.

„Ja, das habe ich. Aber es ist sehr selten"; antwortete der Polizist. „Denn es ist sehr schwer, einen schlauen Verbrecher zu fangen."

In der Zwischenzeit betraten

deles toma um lugar na fila. Outro veio ter à caixa registradora e deu um papel ao operador de caixa. O operador de caixa pegou no papel e leu:

"Caro Senhor,

Isto é um assalto ao Banco Expresso. Dê-me o dinheiro todo. Se não, vou usar a minha arma. Obrigado.

Sinceramente,

Roberto"

"Eu acho que posso ajudá-lo," disse o operador de caixa pressionando secretamente o botão de alarme, "Mas o dinheiro foi trancado no cofre ontem por mim. O cofre ainda não foi aberto. Eu vou pedir alguém que abra o cofre e traga o dinheiro. Está bem?"

"Está bem! Mas fá-lo rápido!" respondeu o assaltante.

"Posso fazer-lhe uma chávena de café enquanto o dinheiro está a ser colocado nos sacos?" o operador de caixa perguntou.

"Não, obrigado. Só o dinheiro," respondeu o assaltante.

zwei Männer die Express Bank. Einer von ihnen stellte sich in die Schlange. Der anderer ging zur Kasse und gab dem Kassierer einen Zettel. Der Kassierer nahm den Zettel und las.

„Sehr geehrter Herr,

das ist ein Überfall auf die Express Bank. Geben Sie mir alles Geld. Falls nicht tun, werde ich meine Waffe benutzen. Danke.

Hochachtungsvoll,

Roberto"

„Ich denke, dass ich Ihnen helfen kann", sagte der Kassierer, während er heimlich den Alarmknopf drückte. „Aber das Geld wurde gestern von mir im Tresor eingeschlossen. Der Tresor wurde noch nicht geöffnet. Ich werde jemanden bitten, dass er den Tresor öffnet und das Geld bringt. Ist das in Ordnung?"

„Das ist gut. Aber mach das schnell!", antwortete der Bankräuber.

„Darf ich Ihnen eine Tasse Kaffee machen, während das Geld in die Taschen gepackt wird?", fragte der Kassierer.

„Nein, danke. Nur das Geld",

O rádio do carro de policía começou a falar: "Atenção todas as patrulhas. Temos um alarme de assalto do Banco Expresso."

"P07 recebido," respondeu o sargento Seixas. Pisou a fundo no acelerador e o carro arrancou rápidamente. Quando eles chegaram ao banco não havia nehum outro carro de policía là ainda.

"Faremos uma reportagem interesante se formos là dentro," José disse.

"Rapazes façam o que têm de fazer. E eu irei là dentro pelas traseiras," disse o sargento Seixas. Sacou da arma e fui rápidamente para as traseiras do banco. José e Robert entraram no banco pela porta principal. Eles viram o homem em pé perto da caixa registradora. Ele pôs a mão no bolso e olhou em volta. O homem que veio com ele, saiu da fila e veio ter com ele.

"Onde està o dinheiro?" ele perguntou ao Roberto.

"João, o operador de caixa já disse que estão a colocà-lo nos

antwortete der Bankräuber.

Der Funk im Polizeiauto P07 begann sich zu melden: „Achtung, an alle Einheiten. Wir haben einen Überfallalarm in der Express Bank."

„P07 erhalten", antwortete Wachtmeister Seixas. Er trat aufs Gas, und das Auto fuhr schnell los. Als sie an der Bank ankamen, war noch kein anderes Polizeiauto da.

„Wir werden eine interessante Reportage machen, wenn wir drinnen sind", sagte José.

„Ihr Jungs macht, was ihr machen müsst. Ich werde hinten hinein gehen", sagte Wachtmeister Seixas. Er zog die Waffe und ging schnell auf die Rückseite der Bank. José und Robert betraten die Bank durch die Haupttür. Sie sahen den Mann in der Nähe der (Registrier-)Kasse stehen. Er hatte eine Hand in seiner Tasche und sah sich um. Der Mann, der mit ihm gekommen war, verließ die Schlange und ging zu ihm.

„Wo ist das Geld?", fragte er Roberto.

„João, der Kassierer hat schon gesagt, dass es in Taschen gepackt wird", antwortete der andere

sacos," disse o outro assaltante.

"Estou cansado de esperar," disse João. Sacou a arma e apontou-o ao operador de caixa, "Traz o dinheiro todo agora!" gritou o assaltante ao operador de caixa. Depois foi para o meio da sala e gritou: "Ouçam todos! Isto é um assalto! Ninguém se mexa!" Neste momento alguém junto á caixa registradora mexeu. O assaltante com a arma sem olhar atirou sobre ele. O outro assaltante caiu no chão e gritou: "João seu macaco tolo! Maldito! Acertaste-me!"

"Oh, Roberto! Não vi que eras tu!" disse João. Nesse momento o operador de caixa rápidamente fugiu dali.

"O operador de caixa fugiu e o dinheiro não foi trazido para cá ainda!" João gritou, "A policía pode chegar a qualquer momento! O que pode chegar a qualquer momento! O que é que vamos fazer?"

"Pega em algo grande, parte o vidro e pega no dinheiro. Rápido!" gritou Roberto. João pegou numa

Bankräuber.

„Ich bin es müde zu warten", sagte João. Er zog seine Waffe und richtete sie auf den Kassierer. „Bringen Sie jetzt alles Geld!", schrie der Bankräuber den Kassierer an. Dann ging er in die Mitte des Raums und rief: „Alle herhören! Das ist ein Überfall! Niemand bewegt sich!" In diesem Moment bewegte sich jemand in der Nähe der Kasse. Der Bankräuber mit der Waffe schoss auf ihn, ohne hinzuschauen. Der andere Dieb fiel auf den Boden und rief: „João! Du Vollidiot! Verdammt! Du hast mich angeschossen!"

„Oh, Roberto! Ich habe nicht gesehen, dass du das bist!", sagte João. In diesem Moment flüchtete der Kassierer schnell weg.

„Der Kassierer ist geflüchtet, und das Geld ist noch nicht hierher gebracht worden!", rief João. „Die Polizei kann jeden Moment kommen! Was sollen wir machen?"

„Nimm etwas Großes, zerschlag das Glas und nimm das Geld! Schnell!", rief Roberto. João nahm einen metallenen Stuhl und schlug

cadeira de metal e abriu à janela da caixa registradora. Claro que não era uma janela normal e não partiu. Mas a cadeira fez ricochete e bateu na cabeça do assaltante! Ele caiu no chão inconsciente. Nesse momento o sargento Seixas correu là para dentro e rápidamente colocou as algemas nos asaltantes. Ele virou-se para o José e Robert.

"Eu disse! A maioria dos criminosos são simplesmente tolos!" disse ele.

auf das Glas der Kasse. Natürlich war es kein gewöhnliches Glas und zerbrach nicht. Doch der Stuhl prallte zurück und schlug auf den Kopf des Bankräubers! Er fiel bewusstlos zu Boden. In diesem Moment kam Wachtmeister Seixas hereingerannt und legte den Bankräubern schnell Handschellen an. Er drehte sich zu José und Robert um.

„Ich sagte es! Die meisten Verbrecher sind einfach nur dumm!", sagte er.

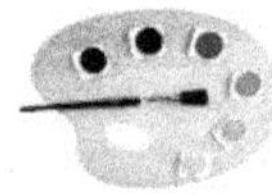

29

Die Audiodatei

Escola para estudantes estrangeiros (EEE) e au pairs

Schule für Austauschschüler (SAS) und Au-pair

A

Palavras

1. acordo - die Vereinbarung
2. Alicia - Alice
3. aprendendo - lernen (aprender)
4. campo - Land
5. carta - der Brief
6. chamado - riefen an (chamar)
7. Chicago - Chicago
8. competição, concurso - die Ausschreibung, der Wettbewerb
9. criada - die Angestellte, Zofe, Dienerin
10. curso - der Kurs

11. data - das Datum

12. desde que - seit

13. duas vezes - zweimal

14. email - die E-Mail

15. enviado - geschickt (enviar)

16. escreveu - schrieb

17. esperança - die Hoffnung

18. esperar - hoffen

19. Estados Unidos/EUA - die
    Vereinigten Staaten, die USA

20. filha - die Tochter

21. injusto - ungerecht

22. mais perto - nächste

23. mais velho - älter

24. mudança- die Änderung

25. mudar - ändern

26. norma/padrão - der Standard,
    Standard

27. Norte América e Eurásia -
    Nordamerika und Eurasien

28. página web - die Website

29. pagou - bezahlte, gezahlt
    (pagar)

30. país - das Land

31. participante - der Teilnehmer

32. passado - abgelaufen (passar)

33. pessoa - die Person

34. possibilidades - die
    Möglichkeiten

35. problema - das Problem

36. seleccionar - auswählen

37. Sofía - Sofia

38. também - auch

39. uma vez - einmal

40. uma vez que - weil / da

41. unir - zusammen kommen

42. vila - das Dorf

43. visitado - besucht (visitar)

44. visitante - der Gast

45. viveu - lebte (vivir)

B

A irmã do Robert, o irmão e os país viveram nos Estados Unidos. Viveram em Chicago. O nome da irmã é Sofia. Ela tem vinte anos. Ela aprendeu portugués desde os onze anos. Quando Sofia tinha quinze anos, ela queria participar no programa

Roberts Schwester, Bruder und die Eltern lebten in den USA. Sie wohnten in Chicago. Der Name seiner Schwester ist Sofia. Sie ist zwanzig Jahre alt. Sie lernte Portugiesisch, seit sie elf Jahre alt war. Als Sofie fünfzehn Jahre alt war, wollte sie an dem Programm EEE

EEE. EEE dà a possibilidade a alguns alunos do colégio da América do Norte e Euroasia de passar um ano em Portugal, vivendo em casa de uma familia hospedeira e a estudar numa escola portuguesa. O programa é grátis. Bilhetes de avião, viver com uma familia, comida, estudar numa escola portuguesa é tudo pago pela EEE. Mas até que ela conseguisse alguma informação sobre a competição a data já tinha passado.

Então ela informou-se sobre o programa de au pair. Este programa dà aos participantes a possibilidade de passar um ano ou dois noutro país vivendo numa casa de familia hospedeira, tomando conta das crianças e tirando um curso de linguas. Uma vez que Robert estava a estudar no Porto, Sofia escreveu-lhe um email. Ela pediu-lhe para encontrar uma familia hospedeira para ela em Portugal. Robert procurou nos anuncios de jornal e sites da Internet com publicidades. Ele encontrou algumas casas de familia de

teilnehmen. EEE gibt Highschool-Schülern aus Nordamerika und Eurasien die Möglichkeit, ein Jahr in Portugal zu verbringen, in einer Gastfamilie zu leben und in einer portugiesischen Schule zu lernen. Das Programm ist kostenlos. Das Flugticket, das Leben in der Familie, Essen und das Studium in der portugiesischen Schule werden von EEE bezahlt. Aber als sie einige Informationen über die Ausschreibung bekam, war das Datum schon abgelaufen.

Dann informierte sie sich über das Au-pair-Programm. Dieses Programm gibt den Teilnehmern die Möglichkeit, ein oder zwei Jahre in einem anderen Land zu verbringen, im Haus einer Gastfamilie zu leben, sich um die Kinder zu kümmern und einen Sprachkurs zu nehmen. Einmal, als Robert gerade in Porto studiert hatte, schrieb Sofia ihm eine E-Mail. Sie bat ihn darum, eine Gastfamilie in Portugal für sie zu finden. Robert durchsuchte die Anzeigen der Zeitungen und Webseiten. Er fand auf

http://www.aupair-world.net/

Portugal no http://www.aupair-world.net/ e em http://www.Placementaupair.com/. Depois o Robert visitou a agencia de au pair no Porto. Ele foi aconselhado por uma mulher. O seu nome é Alice Girassóis.

"A minha irmã é dos Estados Unidos. Ela gostaria de ser uma au pair com uma familia portuguesa. Podes ajudar neste assunto?" Robert perguntou Alice.

"Terei muito prazer em ajudá-lo. Nós colocamos au pairs com familia por todo o Portugal. Uma au pair é uma pessoa que junta-se a uma familia hospedeira para ajudar na casa e tomar conta das crianças. A familia hospedeira dá de comer ao au pair, um quarto e uma mesada. A mesada vai de 200 a 600 euros. A familia hospedeira também paga o curso do au pair," Alice disse.

"Há familias boas e familias más?" perguntou Robert.

"Há dois tipos de problemas ao escolher uma familia. Primeiro algunas familias pensam que um au pair é uma criado que deve

und auf

http://www.placementaupair.com einige Zuhause bei Familien in Portugal. Danach besuchte Robert in Porto eine Au-pair-Agentur. Er wurde von einer Frau beraten. Ihr Name ist Alice Girassóis.

„Meine Schwester ist von den USA. Sie würde gerne Au-pair bei einer portugiesischen Familie sein. Können Sie mir in dieser Angelegenheit helfen?", fragte Robert Alice.

„Es wird mir ein Vergnügen sein, Ihnen zu helfen. Wir bringen Au-pairs in Familien in ganz Portugal unter. Eine Au-pairs ist eine Person, die mit der Gastfamilie zusammen ist, um im Haus zu helfen und sich um die Kinder zu kümmern. Die Gastfamilie gibt der Au-pair Essen, ein Zimmer und Taschengeld. Das Taschengeld liegt zwischen 200 und 600 Euro. Die Gastfamilie bezahlt auch einen Sprachkurs für die Au-pair", sagte Alice.

„Gibt es gute und schlechte Familien?", fragte Robert.

„Es gibt zwei Arten von Probleme bei der Wahl einer Familie. Zum einen denken manche Familien, dass eine Au-pair eine Dienerin sei,

fazer tudo na casa incluindo cozinhar para todos os membros da familia, limpar, lavar, trabalhar no jardim etc.. Mas um au pair não é um criado. Um au pair é como um filho ou uma filha mais velhos da familia que ajudam os país com os filhos mais novos. Para proteger os seus direitos au pairs precisam de estabelecer um acordo com a familia anfitriã. Não acredite quando algunas agências de au pair ou familias anfitriãs dizem que utilizam o acordo padrão. Não hà acordos padrão. O au pair pode mudar qualquer parte do acordo. Tudo o que o au pair e a familia anfitriã fizer tem de estar escrito no acordo.

O segundo problema é este: algunas familias vivem em pequenas vilas onde não hà cursos de linguas e poucos lugares para o au pair ir nos tempos livres. Nesta situação é necessário incluir no acordo que a familia anfitriã deve pagar pelos bilhetes de ida e volta à cidade grande mais próxima quando o au pair là và. Pode ser uma ou duas vezes por semana."

die alles im Haus machen muss, einschließlich für alle Familienmitglieder kochen, putzen, waschen, Gartenarbeit machen usw. Aber ein Au-pair ist keine Zofe. Eine Au-pair ist wie ein älterer Sohn oder eine ältere Tochter der Familie, die den Eltern mit den jüngeren Kindern hilft. Um ihre Rechte zu schützen, müssen die Au-pairs eine Vereinbarung mit der Gastfamilie abschließen. Glaub es bloß nicht, wenn Au-pair-Vermittlungen oder Gastfamilien sagen, dass sie eine Standardvereinbarung verwenden. Es gibt keine Standardvereinbarung. Die Au-pair kann jeden Teil der Vereinbarung ändern.. Alles, was eine Au-pair und die Gastfamilie machen, muss in die Vereinbarung geschrieben werden.

Das zweite Problem ist: Manche Familien leben in kleinen Dörfern, in denen es keine Sprachkurse und wenige Orte gibt, wo das Au-pair in seiner Freizeit hingehen kann. In diesem Fall muss die Vereinbarung enthalten, dass die Gastfamilie die Hin- und Rückfahrkarten in die nächstgrößere Stadt zahlen muss, wenn die Au-pair dorthin fährt. Das kann ein- oder zweimal die Woche sein.“

"Vejo. A minha irmã gostaria de ficar com uma familia do Porto. Pode encontrar-me uma boa familia nesta cidade?" perguntou Robert.

"Bem, hà aproxidamente vinte familias do Porto agora," respondeu Alice. Ela telefonou a alguns deles. As familias anfitriãs ficaram contentes por ter uma au pair dos Estados Unidos. Muitos das familias queriam receber ruma carta com a fotografía da Sofia. Alguns deles também queriam falar com ela ao telefone para certificarem-se de que ela sabia falar um pouco de português. Por isso o Robert deu-lhes o numero de telefone dela.

Muitas familias anfitriãs ligaram à Sofia. Depois ela mandou-lhes as cartas. Finalmente ela escolheu uma familia adequada e com ajuda da Alice estabeleceu um acordo com eles. A familia pagou o bilhete dos Estados Unidos para Portugal. Finalmente a Sofia arrancou para Portugal cheia de sonhos e esperanças.

„Ich verstehe. Meine Schwester möchte gerne bei einer Familie aus Porto bleiben. Können Sie mir in dieser Stadt eine gute Familie finden?", fragte Robert.

„Gut, im Moment gibt es etwa zwanzig Familien aus Porto", antwortete Alice. Sie rief ein paar von ihnen an. Die Gastfamilien waren froh, ein Au-pair-Mädchen aus den USA zu bekommen. Viele der Familien wollten einen Brief mit einem Foto von Sofia. Manche wollten mit ihr am Telefon sprechen, um sicherzugehen, dass sie ein bisschen Portugiesich spricht. Also gab Robert ihnen ihre Telefonnummer.

Viele Gastfamilien riefen Sofia an. Anschließend schickte sie ihnen Briefe. Schließlich wählte sie eine passende Familie und mit Alices Hilfe schloss sie eine Vereinbarung mit ihnen ab. Die Familie bezahlte das Ticket von den USA nach Portugal. Am Ende brach Sofie voller Hoffnungen und Träume nach Portugal auf.

Wörterbuch Portugiesisch-Deutsch

a cair - fallend

a carregar - am Beladen

a continuar - Fortsetzung folgt

a cozinhar - am kochen

a dormir - am Schlafen

a jogar - am Spielen

a lançar - am Werfen

a lavar - am Waschen

a ler - beim lesen

a limpar - am Säubern, saubermachen

a seguir, depois - dann, danach; depois de - nach

a seguir/em seguida - danach, anschließend

a uivar - heulend

à volta - herum

abrir - öffnen

abriu - geöffnet (abrir), öffnete (abrir)

acabado - fertig (acabar)

acabar, finalizar - beenden

acerca de - über, bezüglich

acidente - der Unfall

acompanhar - begleiten

acompanhou - begleitete (acompanhar)

acordo - die Vereinbarung

acreditar - glauben

actual - aktuell

adentro - hinein

adequado - passend

adeus - Auf Wiedersehen; tschüss

agência - Agentur

agente - der Agent

agora - jetzt, zurzeit, gerade

agradecer - danken; obrigado(a) - danke

agricultor - der Bauer

água - das Wasser

ah.. - ah..

ainda - noch, weiterhin

ainda que - obwohl, trotzdem

ajuda - die Hilfe

ajudante - der Helfer

ajudar - helfen

alargar - erweitern

alarme - der Alarm

Alemanha - Deutschland

alemão - Deutscher

algemas - die Handschellen

algo - etwas

algo/alguma coisa - etwas / irgendetwas

alguém - jemand

algum/alguma - einige; ein paar; irgendwelche; algum de/alguma de - irgendwelche von

algumas vezes - manchmal, ab und zu

ali (lugar) - dort, dorthin; lá(direcção) - da, dahin (Richtung)

Alicia - Alice

alimentar - füttern

amado - liebte, geliebt (amar)

amanhã - morgen

amar - lieben

amarelo - gelb

amigável - freundlich

amigo - der Freund

amor - die Liebe

andar (a pé) - gehen; ir (de transporte) - fahren (per Transportmittel)

animal - das Tier

ano - das Jahr

antes/ à frente de - vor

anúncio - Anzeige, Inserat, Bekanntmachung
ao ar livre - draußen
ao longo - entlang
ao mesmo tempo - gleichzeitig
apanhar, capturar - fangen
apertar - anschnallen
apontar - richten, zeigen
aprendendo - lernen (aprender)
aprender - lernen
aprendido sobre - gelernt über
aproximadamente - etwa, ungefähr
aquecer - aufwärmen
aquele - jener, jene, jenes
aqueles - diese, jene (pl.)
aqui (um lugar) - hier (ein Ort); aqui (uma direcção) - hierher (eine Richtung/Adresse); aqui está/aqui é - hier ist
aquilo/aquele/aquela - jenes/jene
ar - die Luft
areia - der Sand
arma - die Waffe
arrancou - startete (arrancar)
arrepender-se - bereuen; desculpa, sinto muito. - Es tut mir leid.
arte - die Kunst
artista - der Künstler
Arzt - médico
assaltante/ladrão - Einbrecher/Dieb
assalto - der Überfall, Einbruch
assassino - der Mörder
assentar-se - sich hinsetzen
assento/cadeira - der Sitz/der Stuhl
assim - so
assistente de loja - der Verkäufer, die Verkäuferin

assunto, negócio - Angelegenheit, Geschäft
asterisco - das Sternchen
astutamente - schlau
até - bis
atenção - die Aufmerksamkeit
atendedor de chamadas - der Anrufbeantworter
aterrar - landen
atrás - hinter
atravessar, cruzar - hindurchschreiten, überqueren
auricular - der Telefonhörer
autocarro - der Bus
avaliou - ausgewertet (aviliar)
aventura - das Abenteuer
avião - das Flugzeug
aviso/anúncio - das Inserat
azeite - das Öl
azul - blau
baixo - unten, klein, niedrig, leise
balde - der Eimer
baleia - der Wal; baleia assassina - Killerwal (Schwertwal)
banco - die Bank
barco - das Schiff
bater - schlagen
beber - trinken
beijar - küssen
bem - gut (Adverb)
bicicleta - das Fahrrad
bilhão - Billionen (brasil. Milliarde)
bilhete- die Fahrkarte
bip - der Piepton
bloco de notas - das Notizbuch; blocos de notas - die Notizbücher
bolso - die Tasche
bom - gut
bom/boa - gut
boneca- die Puppe

boneco pára-quedista estofado -
die Fallschirmspringerpuppe
bonito - schön
borracha - der Gummi
botão - der Knopf
braço - der Arm
branco/branca - weiß
brinquedo - das Spielzeug
cabeça - der Kopf; chefe/patrão -
Chef, Arbeitgeber
cabelo - das Haar
cabo - das Kabel
cachorro - der Welpe
cadeira - der Stuhl
café - der Kaffee
cair - fallen, caído - gefallen
caixa - die Kiste, der Kasten
caixa forte - der Tresor
caixa registadora - die Kasse
calado/silencioso - leise
calças - die Hose
cama - das Bett; camas - die
Betten
camião - der Lastwagen
caminhando - laufend
caminhar - (zu Fuß) gehen
caminho - der Weg
campo - das Feld; Land
candidatar, aplicar - sich
bewerben, anwenden
caneta, esferografica - der Stift;
canetas, esferograficas - die Stifte
canguru - das Känguruh
cansado - müde
cantar - singen; cantor - der
Sänger
cão - der Hund
Capitão - der Kapitän
cara - das Gesicht
carregar - beladen; carregador -
Ladegerät, (Lasten-)Träger

carregar/levar - tragen/bringen
carro/automóvel - das Auto
carta - der Brief
casa - das Haus
casa de banho - das Bad; banheira
- die Badewanne
casaco - die Jacke
cassete de vídeo - die
Videokassette
cauda - der Schwanz
CD - die CD
cem - hundert
central - Haupt-, zentral
centro - das Zentrum
centro comercial - das
Einkaufszentrum
centro da cidade - das
Stadtzentrum
cerimónia - die Feier
chá - der Tee
chaleira - der Kessel
chamado - riefen an (chamar)
chamar - klingeln, anrufen
chão - der Boden
chapéu - der Hut
chateado/com raiva - verärgert /
wütend
chatear - ärgern
chave - der Schlüssel
chegar (a) - ankommen (an)
chegou - angekommen (chegar)
cheio - voll
Chicago - Chicago
chuva - der Regen
cidade - die Stadt
cinco - fünf
cinto de segurança - der
Sicherheitsgurt
claro - natürlich, klar
classe - Klasse, Unterricht
cliente - der Kunde

clube - der Verein
coisa - das Ding, die Sache
colchão - die Matratze
colega - der Kollege
com - mit
com medo - ängstlich
comboio - der Zug
começar - anfangen
começou - begann, (começar)
comer - essen
comida - das Essen
como - da, wie; como/desde - wie, weil, als/seit
companhia - die Firma
competição, concurso - die Ausschreibung, der Wettbewerb
compor - entwerfen, verfassen
composição - der Entwurf, der Text
comprar - kaufen
comprido/longo - lang
comprimido - die Tablette
computador - der Computer
concordar - einverstanden sein
condutor - der Fahrer; condutor temerário - der Raser
conduzir - fahren
conduziu - fuhr (conduzir)
confuso - verwirrt
congelar - einfrieren, erstarren
conhecer - treffen, kennen, kennenlernen, erkennen
conheceu - getroffen, kennengelernt (conhecer)
conheci - kannte (conhecer)
conseguir - schaffen/hinkriegen /gelingen
constante - beständig
consultadoria - die Beratung
consultar - beraten
consultor - der Berater

contar, dizer - sagen
contente/feliz - glücklich
contentor - Container
continuar - fortführen; continuou - fortgeführt
contra - gegen
controlo/controle - die Kontrolle
conversar - sich unterhalten
convidado - der Gast
coordenação - die Koordination
copo - das Glas
correctamente - richtig; incorrectamente - falsch
correcto - richtig
corrente/ a correr - führend / führen
correr - rennen, joggen, laufen
correu - raste (correr)
corrigir - korrigieren
costa - die Küste
cozinha - die Küche
cozinheiro/cozinheira - der Koch / die Köchin
creativo - kreativ
criada - die Angestellte, Zofe, Dienerin
criança - das Kind
criminal - kriminell
cristal - das Kristall
cuidadosamente - vorsichtig
cuidadoso/cuidadosa - vorsichtig, sorgfältig
cuidar/tomar conta - sich kümmern um
cujo - wessen / dessen
curso - der Kurs
curto/a - kurz
custar - kosten
da mãe - von der Mutter
da mulher - von der Frau

dançar - tanzen; dancei - getanzt
(part.); a dançar - tanzend
dar - geben
dar/pedir licença - sich
entschuldigen; com licença. -
Entschuldigen Sie.
dar-se conta - wahrnehmen
data - das Datum
de - aus, von
de manhã - morgens, vormittags
de repente - plötzlich
debaixo - unter
décimo - zehnter
deles - ihr
demasiado grande - zu groß
demonstrou - zeigte (demonstrar)
dentro - in
departamento de pessoal - die
Personalabteilung
depois - danach, dann, später,
nach
descarregar - abladen
desde que - seit
desenvolver - entwickeln
design - das Design
desligar - ausmachen, abstellen
despedir - entlassen, feuern
desporto - der Sport; loja de
desporto - das Sportgeschäft,
bicicleta desportiva- das
Sportfahrrad
destrói - zerstört (destruyer)
detrás - hinter
deu - gab (dar)
dez - zehn
dezassete - siebzehn
dia - der Tag; diariamente -
täglich, jeden Tag
diferente - verschieden
difícil - schwer
dinheiro - das Geld, das Bargeld

direito/a - rechts
dirigir/conduzir - lenken/fahren
dirigir-se a - ansprechen, sich
begeben
discurso - die Rede
disse - sagte (dizer)
diversão - der Spaß
divertir-se/ apreciar - Spaß haben,
genießen
dizer - sagen
do - von
dois - zwei
domingo - Sonntag; pequeno
alomoço de domingo -
Sonntagsfrühstück
dono - der Besitzer
dormir - schlafen
dormitórios - die Schlafzimmer
doutor - der Arzt
doze - zwölf
duas vezes - zweimal
durante - während
durar - dauern
duro - schwer, hart
DVD - DVD
e - und
é por isso - deshalb
editor - der Herausgeber
editoria - der Verlag
educação - die Ausbildung
ela - sie
ele - er
eléctrico/eléctrica - elektrisch
eles - sie
elevador - der Aufzug
em - am, beim, in
em branco, vazio - leer
em breve - bald
em frente- vor
Em primeiro - erstens / als Erster

em vez de - anstelle von;
stattdessen; em vez de ti - an
deiner Stelle
em volta - umher
em voz alta - laut
email - die E-Mail
empresa - die Firma
empurrar - stoßen, ziehen
encher - füllen
encontrado - gefunden
(encontrar)
encontrar - finden
endereço/morada - die Adresse
energia - die Energie
engenheiro - der Ingenieur
engolir - (hinunter)schlucken
engraçado/a - lustig
ensinar - beibringen, lehren
então - dann
entender/compreender -
verstehen
entendeu - verstanden (entender)
entornar - schütten, gießen
entrar em pânico - in Panik
versetzen
entre - zwischen
entretanto - in der Zwischenzeit;
während
envergonhar-se - sich schämen;
ele está envergonhado - er schämt
sich
enviado - geschickt (enviar)
equipe - die Mannschaft
era /estava - waren
esbelto - dünn / schlank
escadas - die Treppe
escola - die Schule
escolher - wählen, aussuchen
esconder - sich verstecken;
escondidas - das Versteckspiel
escondeu - versteckte (esconder)

escrever - schreiben
escreveu - schrieb
escritor - der Schriftsteller
escritório - das Büro
escuro - dunkel
esfregar - reiben
espaço - das Weltall
espalhar - übergreifen /
verbreiten
espaniel - der Spaniel, der Spanier
especialmente - vor allem
esperança - die Hoffnung
esperar - hoffen; warten
esperou - wartete (esperar)
esperto - schlau
esquecer - vergessen
esqueceu - vergessen
esquerda - links
está bem/bem - es ist gut
estação - Bahnhof
estado - der Stand; estado civil -
der Familienstand
Estados Unidos/EUA - die
Vereinigten Staaten, die USA
estante - das Bücherregal
estar vestido - angezogen sein
estas coisas - diese Dinge
estava/foi - war
este - dieser, esta - diese, dieses;
este livro - dieses Buch
estes - diese, jene (pl.)
estimar - beurteilen / schätzen
estofado - ausgestopft
estrada - die Straße
estranho - fremd
estrela - der Stern
estudante - der Student;
estudantes - die Studenten
estudar - studieren
etc. - usw.
eu - ich, mich

euro - Euro
exame aprovado - bestandene Prüfung
exame, teste - die Prüfung
examen - Prüfung
examinar, aprovar - prüfen
exemplo - das Beispiel; por exemplo - zum Beispiel
exibição aérea - die Flugschau
experiência - die Erfahrung
explicar - erklären
extraterrestre - der Außerirdische
falar - sprechen
família - die Familie
farmácia - die Apotheke
favorito - Liebling, Favorit
fazer - machen; máquina de café - die Kaffeemaschine
fechado - geschlossen / eng
fechar - schließen
felicidade - das Glück
feliz, contente - froh
feminino - weiblich
fez - tat (fazer)
fila - die Schlange
filha - die Tochter
filho - der Sohn
filme - der Film
fim - über / ende
final - Schluß
finanças - die Finanzwissenschaft
fingir - vorgeben; so tun, als ob
fixe - toll, klasse
flor - die Blume
fluentemente - fließend
fluir - fließen
flutuando - treibend (flutuar)
flutuar - treiben
fogo- das Feuer
folha (de papel) - das Blatt
fome - Hunger

fora - draußen
fora de - außerhalb von
fora de serviço - außer Betrieb
força - Kraft
formulário - das Formular
forte - stark
fortemente - stark (adverb)
fotografar - fotografieren
fotografia - das Foto
fotógrafo - der Fotograf
frase - der Satz
frente - vorn
frieza - die Kälte
frio (adj) - kalt
fugiu - flüchtete (fugir)
futuro - Zukunft
ganhar/receber - verdienen /erhalten,bekommen; Eu ganho 10 euros por hora. - Ich verdiene zehn Euro pro Stunde.
gás - das Gas
gastar - ausgeben, verwenden
gatinho - das Kätzchen
gato - die Katze
gato/gata - Kater/Katze
gelado - das Eis
género, tipo - die Art
Genscher - Genscher
gostar, amar - mögen, lieben
grande - groß; super, toll; Grande Poluição - Große Verschmutzung
gravar - aufnehmen; gravar pensamentos - Gedanken aufnehmen
grisalho - grauhaarig
grita/chora - schreit/weint
gritar/chorar - schreien, rufen/ weinen
gritou - rief (gritar)
guerra - der Krieg
há um ano atrás - vor einem Jahr

habilidades/qualidades -
Fähigkeiten / Begabungen
habitual - gewöhnlich, gewohnt;
habitualmente - normalerweise
história - die Geschichte
hoje - heute
homem - der Mann
homens - die Männer
hora - die Stunde; por hora - in der
Stunde; há uma hora - vor einer
Stunde
horas - Uhr; São duas horas. - Es
ist zwei Uhr.
hotéis - die Hotels; hotel - das
Hotel
humano - der Mensch; humano
(adj) - menschlich (adj)
idade - das Alter
ideia - die Idee
ido - weg
imediatamente - sofort
importante - wichtig
inconsciente - bewusstlos
individualmente - einzeln
informação - die Information, die
Angabe
informado - informierte, mitgeteilt
informar - informieren, mitteilen,
berichten
injusto - ungerecht
inteligente - intelligent
interessante - interessant
ir de autocarro - mit dem Bus
fahren
ir de bicicleta - Fahrrad fahren,
mit dem Fahrrad fahren
ir embora - weggehen
irado/furioso - wütend
irmã - die Schwester
irmão - der Bruder
já agora - genau jetzt

já que, como - da, wie
já- schon, sofort
janela - das Fenster; janelas - die
Fenster
Japão - Japan
japonês - Japaner
jardim - der Garten
jardim de infância - der
Kindergarten
jarro - der Krug
João - João
jogar- spielen
jornal - die Zeitung
jornalista - der Journalist
jovem - jung
juntos - zusammen
ladrão - der Dieb, ladrões - die
Diebe
ladrou - bellte (ladrar)
lago - der See
lanche - Snack
largamente - breit (adverb)
largo - breit
laser - der Laser
lavar - waschen
lavatório - das Waschbecken
leão - der Löwe
leitor de CD - der CD Spieler
lentamente - langsam
ler - lesen
levantar- se - aufstehen; levanta-
te! - Steh auf!
libertar - freisetzen
lição - die Aufgabe, Lektion
licença - der Führerschein
líder - der Führer
ligar - anmachen, anschalten,
verbinden
ligeiramente - etwas schnell, leicht
ligou - anstellen (den Motor)
(ligar)

limite - die Begrenzung
limpar - säubern
limpeza - Säuberung
limpo - sauber
lindo/a - schön
língua/idioma - die Sprache
linha de comboio - die Bahngleise
lista - die Liste
livre - frei
livro (de texto) - das Buch
(Lehrbuch, Schulbuch); livro
dele/dela - sein/ihr Buch
loja - der Laden; lojas - die Läden
loja de vídeos - die Videothek
longe - weit (weg)
lugar - der Platz; colocar - legen
macaco - der Affe
mãe - Mama, die Mutter
maior - größer
mais - anders, sonst, mehr
Mais longe - weiter
mais perto - nächste
mais um - noch einen
mais velho - älter
mal cheiroso - stinken
maldito - verdammt
manhoso - verschlagen, schlau
manteiga - die Butter
mão - hand
mapa - die Karte
máquina - die Maschine
mar - das Meer
maravilhoso - wunderbar
maravilhoso/maravilhosa -
wunderbar
mas - aber
mascote/animal de estimação -
das Haustier
masculino - männlich
mau/mal - schlecht
médico - der Arzt

médio - halb, medium
melhor - besser (der/die Beste)
membro - das Mitglied
menina - das Mädchen
menino/rapaz - der Junge
meninos - die Kinder
menos - weniger
mental - gedanklich, mentalmente
- gedanklich (adverb)
mentir - lügen
mês - Monat
mesa - der Tisch; mesas - die
Tische
mesa de casa de banho - der
Badezimmertisch
metade - halb
metal - das Metall
método - die Methode
metro - der Meter
meu - mein, minha - meine
microfone - das Mikrofon
mil - tausend
minuto - die Minute
mistério - das Rätsel
mobília - die Möbel
mochila - der Rucksack
molhado - nass
momento - der Moment
monótono - monoton
morder - beißen
morrer - sterben, morto - tot
mortal/fatal - tödlich
morto - tot, Toter, leblos
mosquito - die Stechmücke
mostrar - zeigen
motor - der Motor
movido - bewegt, gerührt
mudança- die Änderung
mudar - ändern
muito - sehr; viel, viele
muito, muitos - viel, viele

mulher - die Frau
mundo - die Welt
música - die Musik
na rua - auf der Straße
nacionalidade - die Nationalität
nada - nichts
nadar - schwimmen
namorada - die Freundin;
namorado - der Freund (sexuell)
não - nein, nicht
nariz - die Nase
nativo/lingua nativa -
Einheimische/Muttersprache
natureza - die Natur
nave espacial - das Raumschiff
necessitar/precisar - brauchen
nenhum - keine
ninguém - niemand
noite - die Nacht
nome - der Name; citar - nennen /
zitieren
nona - neunter
norma/padrão - der Standard,
Standard
Norte América e Eurásia -
Nordamerika und Eurasien
nós - wir, uns
nosso - unser
nota - die Notiz
nove - neun
novo - neu
numa hora - in einer Stunde
número - die Nummer
nunca - nie
o mais - das meist
o mesmo - der/die/das Gleiche
objecto - es
obter - bekommen
obter, conseguir - (etwas)
erhalten

ocorrer/acontecer - passieren;
ocorreu/aconteceu - passiert
odiar - hassen
Oh! - Oh!
Oi! - Hey!
oitavo - achter
oito - acht
ok, bem - gut, alles klar
olá - hallo
olhar - schauen, betrachten
olho - das Auge; olhos - die Augen
olhou - sah, schaute, geschaut
(olhar)
olímpico - Olympia
onda - die Welle
onde - wo
ontem - gestern
onze - elf
operador de caixa - der Kassierer
orelha - das Ohr
ou - oder
outra vez - wieder, nochmal
outro - andere, andere, andere /
ein anderer, eine andere, ein
anderes
ouvido - hörte, gehört (ouvir)
ouvir - hören; Eu ouço música. -
Ich höre Musik.
pagar - zahlen
página web - die Website
pagou - bezahlte, gezahlt (pagar)
pai - der Vater
país - das Land
pais - die Eltern
palavra - das Wort, die Vokabel;
palavras - die Wörter, die
Vokabeln
pálido/pálida - blass
pão - das Brot
papá - Papa
papel - das Papier

para - für; para mim - für mich
para/por - zum
pára-quedas - der Fallschirm
pára-quedistas - der
Fallschirmspringer
parar - anhalten
parou - beendete (parar)
parque - der Park; parques - die
Parks
parte - der Teil
participante - der Teilnehmer
passado - abgelaufen (passar);
vorbei; Vergangenheit; nach; às
oito e meia - um halb neun
passar - passieren, bestehen
pássaro - der Vogel
passo - der Schritt
pátio - der Hof
patrão - der Arbeitgeber
patrulha - die Patrouille, die
Streife
pé - der Fuß; a pé - zu Fuß
pedir - bitten, fragen
pedra - der Stein
pelo menos - wenigstens
penal - strafbar
pensar - denken
pequeno - klein
pequeno-almoço - das Frühstück;
tomar o pequeno-almoço -
frühstücken
perguntou - fragte (preguntar)
permanecer - bleiben
permitir - lassen / erlauben
perna - das Bein
perseguição - die Verfolgung
perto - in der Nähe, nah, nahe
perto de, próximo - nah
pessoa - die Person
pessoal - persönlich
pessoas - die Menschen

piloto - der Pilot
pisando - tretend
pisar - treten
pisou - trat (pisar)
planear, planificar - planen
planeta - der Planet
plano - der Plan
pobre - arm
poder - dürfen, können; Eu posso
ir ao banco. - Ich kann zur Bank
gehen.
poderia - könnte; Eu poderia ler
se... - Ich könnte lesen wenn...
podia - könnte, kann (poder)
polícia - die Polizei, der Polizist
Polónia - Polen
poluir - verschmutzen
ponte - die Brücke
pôr em ordem - aufräumen
por favor - bitte
por hora - pro Stunde
pôr horizontalmente - waagerecht
hinstellen
por isso - deshalb, somit
pôr verticalmente - hochkant
hinstellen
porque - weil
porquê? - warum?
porta - die Tür
Portugal - Portugal
português (m), portuguesa (f) -
(m) Portugiese, (f) Portugiesin,
portugiesisch (adj)
posição - die Position
possibilidade, oportunidade - die
Möglichkeit, Gelegenheit
possibilidades - die Möglichkeiten
possível - möglich
poucos - wenig
praça - der Platz
prato - der Teller

preço - der Preis
preocupar-se - sich Sorgen
machen
preparar - vorbereiten
pressionar - drücken
preto - schwarz
primeiro/primeira - zuerst, erste
problema - das Problem
procura-se - man sucht
produtos químicos- die
Chemikalien
produzir - herstellen
professor/professora - der
Lehrer/die Lehrerin
profissão - der Beruf
programa - das Programm
programador - der
Programmierer
pronto - fertig
próprio/própria - eigener, eigene,
eigenes
proteger - beschützen
público, audiência - das Publikum
quando - wenn / als
quantas vezes for possível- so oft
wie möglich
quarenta e quatro - vierundvierzig
quarto - vierter
quarto/sala - das Zimmer;
quartos/salas - die Zimmer
quatro - vier
que - was,
welcher/welche/welches; der, die,
das (konj.); als; dass; O Jorge é
mais velho que a Linda. - Jorge ist
älter als Linda. O que é isto? - Was
ist das? Eu sei que este livro é
interessante. - Ich weiß, dass
dieses Buch interessant ist. Qual
mesa? - Welcher Tisch?
queda - der Fall

quem - wer
quente - warm, heiß
querer - wollen
querido - lieber, liebe/Liebster
questionário - der Fragebogen
quilómetro - der Kilometer
química - die Chemie
químico - chemisch
quinta - der Bauernhof
quinto - fünfter
quinze - fünfzehn
radar - der Radar
rádio - das Radio
rapariga/menina - das Mädchen
rapaz - der Junge
rapidamente - schnell
rápidamente - schnell (Adverb)
rápido - schnell
raramente - selten
ratazana - die Ratte
razão - der Grund
reabilitação - die Genesung,
Rehabilitation
reabilitar - genesen
real - wirklich
realmente - wirklich
realmente/muito - wirklich/sehr,
viel
recesso, pausa - die Pause
recomendado - empfohlen
recomendar - empfehlen;
recomendação - die Empfehlung
recordado - erinnert (Gerundium)
(recordar)
recusar - ablehnen
regra - die Regel
relógio - die Uhr
repórter - der Reporter
respondeu - antwortete
(responder)

resposta - die Antwort, responder
- antworten
resto - der Rest
revisar/confirmar -
kontrollieren/bestätigen
revista - die Zeitschrift
ricochete - abprallen
rir-se - lachen
Roberto - Roberto
roda - das Rad
roubado - gestohlen
roubar - stehlen
rua - die Straße; ruas - die Straßen
rubrica - die Rubrik
sábado - Samstag
saber - können; Eu sei ler. - Ich
kann lesen.
saboroso, gostoso - lecker
sacudiu - geschüttelt, geräumt,
gelöscht, geklopft (sacudir)
sair - hinaus gehen (fahren)
sair de - aussteigen
sair embora - hinaus weg,
weggehen
saiu - verließ (sair)
saltar - springen; salto - der
Sprung
salvar - retten
sanduíche - das Sandwich
sanitário - die Toilette
sargento - der Wachtmeister
saúde - die Gesundheit
se (condicional) - ob / wenn
secar - trocknen
seco - trocken
secretamente - heimlich
secretária - die Sekretärin;
secretária (mesa) - der
Schreibtisch
segredo - das Geheimnis
Segunda-feira - Montag

segundo - zweiter; segundo nome
- der zweite Name
seguro/segura - klar, sicher
seis - sechs
seleccionar - auswählen
sem - ohne
semana - die Woche
semente - das Saatgut
sempre - immer
senhor, Sr. - Herr, Hr.
senhora - Dame
sentar - setzen
sentir - fühlen
ser/estar - sein
seriamente/ a sério - ernst / im
Ernst
série - die Serie
servir - bedienen
sessenta - sechzig
sete- sieben
sétimo - siebter
seu - sein, sua - seine; sua cama -
sein Bett
sexo - das Geschlecht
sexto - sechster
significar - bedeuten
silenciosamente - leise (adverb)
sim - ja
simples - einfach
sinceramente - ehrlich
sirene - die Sirene
situação - die Situation
sobre - auf
Sofía - Sofia
solteiro/a - ledig
Somente, só - nur
sómente/exacto - einfach,
nur/genau
sonhar - träumen
sonho - der Traum
sonho/a - der Traum

sorriso - das Lächeln; sorrir - lächeln
sorriu - lächelte, gelächelt (sorrir)
sublinhar - unterstreichen
sujo/a - dreckig
supermercado - der Supermarkt
surprender - überraschen
surprendido - überrascht, verwundert
surpresa - die Überraschung
também - auch
tarde - spät, Nachmittag
tarefa - die Aufgabe
táxi - das Taxi; taxista - der Taxifahrer
teclado - die Tastatur
tecto - das Dach
telefonar - anrufen; chamar - rufen; centro de chamadas - das Callcenter
telefone - das Telefon; telefonar - telefonieren
telemóvel - das Handy
televisão - der Fernseher
tem - er/sie/es hat; Ele tem um livro. - Er hat ein Buch.
tempo - das Wetter; die Zeit; o tempo passa - die Zeit vergeht; duas vezes - zwei mal
tentar - versuchen
ter - haben
ter de - müssen; eu tenho de ir. - Ich muss gehen.
terceiro - dritter
terra - Land; Terra - die Erde
teu - dein
teu/seu - dein/Ihr(e)
teve - hatte, gehabt (ter)
texto - der Text
tigre - der Tiger
tirar/ puxar - ziehen

tiro - Schuss; angeschossen
tocar - klingeln, berühren, spielen (Instrument)
tocou - klingelte (tocar)
toda a gente - alle / jeder
todo - alle
todos/cada - alle/jeder, jede, jedes
tomado - gebracht
tomar - nehmen
tomar parte - teilnehmen
tomou - nahm (tomar)
tonto - dumm, töricht, schwindlig
torneira - der Wasserhahn
total - gesamt
trabalhador - der Arbeiter
trabalhando - arbeitend (trabalhar)
trabalhar - arbeiten
trabalho - die Arbeit; agência de emprego - die Arbeitsvermittlung
trabalho manual - die Handarbeit
trabalho mental - die Kopfarbeit
trabalhos de casa - die Hausaufgaben
trabalhou - arbeitete (trabalhar)
tradutor - der Übersetzer
transportar- transportieren
transporte - der Transport
tratou - versuchte (tratar)
travão - die Bremse
travar - bremsen
trazendo - bringend
trazer - bringen
treinar - trainieren; treinado - trainiert
tremer - zittern
três - drei
trinta - dreißig
triste - traurig
truque - der Trick
tu/você - du/Sie

tudo - alles
televisão - der Fernseher
último/ passado - der Letzte
um - ein
um a um/uma a uma - einer nach dem anderen
um ao outro - einander
um ou outro - ein oder der andere
um tanto - ziemlich
uma vez - einmal
uma vez que - weil / da
unidade de resgate - der Rettungseinheit
unir - zusammen kommen
universidade- die Universität, die Uni
usar - benutzen
usual - gewöhnlich
vamos - wir gehen
várias vezes - oft
vazio - leer
veio - kam, gekommen (vir)
velho - alt
velocidade - die Geschwindigkeit; excesso de velocidade - Geschwindigkeitsüberschreitung
vem, vai - komm(en Sie) / geh(en Sie)
vender - verkaufen
vento - der Wind

ver - sehen
verde - grün
vermelho - rot
vestido/vestida - verkleidet /das Kleid
vestir-se - sich anziehen
veterinário - der Tierarzt
viajar - reisen
vida - das Leben; manobra de salvamento - das Rettungsmanöver
vila - das Dorf
vinte - zwanzig
vinte e cinco - fünfundzwanzig
vinte e um - einundzwanzig
virar - drehen
virou - drehte (virar)
visitado - besucht (visitar)
visitante - Besucher
visitante - der Gast
viu - sah (ver)
vivendo/ a viver - wohnhaft
viver - leben, wohnen
viveu - lebte (vivir)
vizinho - der Nachbar
voar - fliegen
vós/vocês (pl.) - ihr/Sie
voz - die Stimme
zebra - das Zebra
zoológico - der Zoo

Wörterbuch Deutsch-Portugiesisch

Abenteuer - aventura
aber - mas
abgelaufen (passar) - passado
abladen - descarregar
ablehnen - recusar
abprallen - ricochete
acht - oito
achter - oitavo
Adresse - endereço/morada
Affe - macaco
Agent - agente
Agentur - agência
ah.. - ah..
aktuell - actual
Alarm - alarme
Alice - Alicia
alle - todo; alle/jeder, jede, jedes - toda a gente; todos/cada
alles - tudo
als - que; Jorge ist älter als Linda. - O Jorge é mais velho que a Linda.
alt - velho
älter - mais velho
Alter - idade
am, beim, in - em
andere, andere, andere - outro
ändern - mudar
anders, sonst, mehr - mais
Änderung - mudança
anfangen - começar
angekommen (chegar) - chegou
Angelegenheit, Geschäft - assunto, negócio
Angestellte , Zofe, Dienerin - criada
angezogen sein - estar vestido
ängstlich - com medo
anhalten - parar
ankommen (an) - chegar (a)

anmachen - ligar
Anrufbeantworter - atendedor de chamadas
anrufen - telefonar; rufen - chamar; das Callcenter - centro de chamadas
anschalten, verbinden - ligar
anschnallen - apertar
anstelle von - em vez de; an deiner Stelle - em vez de ti
anstellen (den Motor) (ligar) - ligou
Antwort - resposta, antworten - responder
antwortete (responder) - respondeu
Anzeige, Inserat, Bekanntmachung - anúncio
anziehen sich - vestir-se
Apotheke - farmácia
Arbeit - trabalho; die Arbeitsvermittlung - agência de emprego
arbeiten - trabalhar
arbeitend (trabalhar) - trabalhando
Arbeiter - trabalhador
arbeitete (trabalhar) - trabalhou
Arbeitgeber - patrão
ärgern - chatear
arm - pobre
Arm - braço
Art - género, tipo
Arzt - doutor
auch - também
auf - sobre; auf der Straße - na rua
auf Wiedersehen - adeus
Aufgabe , Lektion - lição; tarefa
Aufmerksamkeit - atenção

aufnehmen - gravar; Gedanken
aufnehmen - gravar pensamentos
aufräumen - pôr em ordem
aufstehen - levantar- se; Steh auf! -
levanta-te!
aufwärmen - aquecer
Aufzug - elevador
Auge - olho; die Augen - olhos
aus, von - de
Ausbildung - educação
ausgeben, verwenden - gastar
ausgestopft - estofado
ausgewertet (aviliar) - avaliou
ausmachen, abstellen - desligar
Ausschreibung , Wettbewerb -
competição, concurso
außer Betrieb - fora de serviço
außerhalb (von) - fora de
Außerirdische - extraterrestre
aussteigen - sair de
auswählen - seleccionar
Auto - carro/automóvel
Bad - casa de banho; die
Badewanne - banheira
Badezimmertisch - mesa de casa
de banho
Bahngleise - linha de comboio
Bahnhof - estação
bald - em breve
Bank - banco
Bargeld - dinheiro
Bauer - agricultor
Bauernhof - quinta
bedeuten - significar
bedienen - servir
beenden - acabar, finalizar
beendete (parar) - parou
begann, (beginnen) - começou
begleiten - acompanhar
begleitete (acompanhar) -
acompanhou

Begrenzung - limite
beibringen, lehren - ensinar
beim lesen - a ler
Bein - perna
Beispiel - exemplo; zum Beispiel -
por exemplo
beißen - morder
bekommen - obter
beladen - carregar; Ladegerät,
(Lasten-)Träger - carregador
bellte (ladrar) - ladrou
benutzen - usar
beraten - consultar
Berater - consultor
Beratung - consultadoria
bereuen - arrepender-se; Es tut
mir leid. - desculpa, sinto muito.
berichten - informar
Beruf - profissão
beschützen - proteger
Besitzer - dono
besser (der/die Beste) - melhor
bestandene Prüfung - exame
aprovado
beständig - constante
Besucher - visitante
besucht (visitar) - visitado
Bett - cama; die Betten - camas
beurteilen / schätzen - estimar
bewegt, gerührt - movido
bewerben sich, anwenden -
candidatar, aplicar
bewusstlos - inconsciente
bezahlte, gezahlt (pagar) - pagou
Billionen (brasil. Milliarde) -
bilhão
bis - até
bitte - por favor
bitten, fragen - pedir
blass - pálido/pálida
Blatt - folha (de papel)

blau - azul
bleiben - permanecer
Blume - flor
Boden - chão
brauchen - necessitar/precisar
breit - largo; largamente;Bremse - travão
bremsen - travar
Brief - carta
bringen - trazer
bringend - trazendo
Brot - pão
Brücke - ponte
Bruder - irmão
Buch (Lehrbuch, Schulbuch) - livro (de texto)
Bücherregal - estante
Büro - escritório
Bus - autocarro
Butter - manteiga
CD - CD
CD Spieler - leitor de CD
Chemie - química
Chemikalien (pl.) - produtos químicos
chemisch - químico
Chicago - Chicago
Computer - computador
Container - contentor
da, wie - já que, como
Dach - tecto
Dame - senhora
danach, anschließend - a seguir/em seguida
danach, dann, später - a seguir, depois
danken - agradecer; danke - obrigado(a)
dann - então

dass - que; Ich weiß, dass dieses Buch interessant ist. - Eu sei que este livro é interessante.
Datum - data
dauern - durar
dein - teu
dein/Ihr(e) - teu/seu
denken - pensar
der, die, das (konj.) - que
der/die/das Gleiche - o mesmo
deshalb - é por isso
deshalb, somit - por isso
Design - design
Deutscher - alemão
Deutschland - Alemanha
Dieb - ladrão, die Diebe - ladrões
diese, jene (pl.) - aqueles; estes
dieser - este; diese, dieses - esta; dieses Buch - este livro; diese Dinge - estas coisas
Ding , Sache - coisa
dirigir-se a - ansprechen, sich begeben
Dorf - vila
dort, dorthin - ali (lugar); da, dahin (Richtung) - lá(direcção)
draußen - ao ar livre; fora
dreckig - sujo/a
drehen - virar
drehte (virar) - virou
drei - três
dreißig - trinta
dritter - terceiro
drücken - pressionar
du/Sie - tu/você (s)
dumm, töricht, schwindlig - tonto
dunkel - escuro
dünn / schlank - esbelto
dürfen, können - poder; Ich kann zur Bank gehen. - Eu posso ir ao banco.

DVD - DVD
ehrlich - sinceramente
eigener, eigene, eigenes - próprio/própria
Eimer - balde
ein - um
ein anderer, eine andere, ein anderes - outro
ein oder der andere - um ou outro
ein paar - algum/alguma
einander - um ao outro
Einbrecher/Dieb - assaltante/ladrão
einer nach dem anderen - um a um/uma a uma
einfach - simples
einfach, nur/genau - sómente/exacto
einfrieren, erstarren - congelar
Einheimische/Muttersprache - nativo/lingua nativa
einige - algum/alguma
Einkaufszentrum - centro comercial
einmal - uma vez
einundzwanzig - vinte e um
einverstanden sein - concordar
einzeln - individualmente
Eis - gelado
elektrisch - eléctrico/eléctrica
elf - onze
Eltern (pl.) - pais
E-Mail - email
empfehlen - recomendar; die Empfehlung - recomendação
empfohlen - recomendado
Energie - energia
entlang - ao longo
entlassen, feuern - despedir

entschuldigen sich - dar/pedir licença; Entschuldigen Sie. - com licença.
entwerfen, verfassen - compor
entwickeln - desenvolver
Entwurf, Text - composição
er - ele
Erde - Terra
Erfahrung - experiência
erinnert (Gerundium) (recordar) - recordado
erhalten (etwas) - obter, conseguir
erklären - explicar
ernst / im Ernst - seriamente/ a sério
erstens / als Erster - Em primeiro
erweitern - alargar
es - objecto
essen - comer
Essen - comida
etwa, ungefähr - aproximadamente
etwas / irgendetwas - algo/alguma coisa
Euro - euro
Fähigkeiten / Begabungen - habilidades/qualidades
fahren - conduzir; (per Transportmittel) - ir (de transporte)
Fahrer - condutor
Fahrkarte - bilhete
Fahrrad - bicicleta; Fahrrad fahren, mit dem Fahrrad fahren - ir de bicicleta
Fall - queda
fallen - cair
fallend - a cair
Fallschirmspringerpuppe - boneco pára-quedista estofado

falsch - incorrectamente
Familie - família
Familienstand - estado civil
fangen - apanhar, capturar
Feier - cerimónia
Feld - campo
Fenster - janela; die Fenster - janelas
Fernseher - televisão
fertig - pronto; acabado
Feuer - fogo
Film - filme
Finanzwissenschaft - finanças
finden - encontrar
Firma - companhia; empresa
fliegen - voar
fließen - fluir
fließend - fluentemente
flüchtete (fugir) - fugiu
Flugschau - exibição aérea
Flugzeug - avião
Formular - formulário
fortführen - continuar; fortgeführt - continuou
Fortsetzung folgt - a continuar
Foto - fotografia
Fotograf - fotógrafo
fotografieren - fotografar
Fragebogen - questionário
fragte (preguntar) - perguntou
Frau - mulher
frei - livre
freisetzen - libertar
fremd - estranho
Freund - amigo
Freundin - namorada; der Freund (sexuell) - namorado
freundlich - amigável
froh - feliz, contente

Frühstück - pequeno-almoço;
frühstücken - tomar o pequeno-almoço
fühlen - sentir
fuhr (conduzir) - conduziu
führend / führen - corrente/ a correr
Führer - líder
Führerschein - licença
füllen - encher
fünf - cinco
fünfter - quinto
fünfundzwanzig - vinte e cinco
fünfzehn - quinze
für - para
Fuß - pé; zu Fuß - a pé
füttern - alimentar
gab (dar) - deu
Garten - jardim
Gas - gás
Gast - convidado; visitante
geben - dar
gebracht - tomado
gedanklich - mental, gedanklich (adverb) - mentalmente
gefallen - caído
gefunden (encontrar) - encontrado
gegen - contra
Geheimnis - segredo
gehen - andar (a pé); caminhar
gelb - amarelo
Geld - dinheiro
gelernt über - aprendido sobre
genau jetzt - já agora
genesen - reabilitar
Genesung , Rehabilitation - reabilitação
Genscher - Genscher
geöffnet (abrir) - abriu
gesamt - total

Geschichte - história
geschickt (enviar) - enviado
Geschlecht - sexo
geschlossen / eng - fechado
geschüttelt, geräumt, gelöscht,
geklopft (sacudir) - sacudiu
Geschwindigkeit - velocidade;
Geschwindigkeitsüberschreitung -
excesso de velocidade
Gesicht - cara
gestern - ontem
gestohlen - roubado
Gesundheit - saúde
getroffen, kennengelernt
(conhecer) - conheceu
gewöhnlich - usual
gewöhnlich, gewohnt - habitual;
normalerweise - habitualmente
Glas - copo
glauben - acreditar
gleichzeitig - ao mesmo tempo
Glück - felicidade
glücklich - contente/feliz
grauhaarig - grisalho
groß - grande; Große
Verschmutzung - Grande Poluição
größer - maior
grün - verde
Grund - razão
Gummi - borracha
gut - bom/boa; gut (Adverb) -
bem; es ist gut - está bem/bem
gut, alles klar - ok, bem
Haar - cabelo
haben - ter; er/sie/es hat - tem; Er
hat ein Buch. - Ele tem um livro.
halb - médio, metade
hallo - olá
hand - mão
Handarbeit - trabalho manual
Handschellen (pl.) - algemas

Handy - telemóvel
hassen - odiar
hatte, gehabt (ter) - teve
Haupt-, zentral - central
Haus - casa
Hausaufgaben (pl.) - trabalhos de
casa
Haustier - mascote/animal de
estimação
heimlich - secretamente
helfen - ajudar
Helfer - ajudante
Herausgeber - editor
Herr, Hr. - senhor, Sr.
herstellen - produzir
herum - à volta
heulend - a uivar
heute - hoje
Hey! - Oi!
hier (ein Ort) - aqui (um lugar);
hierher (eine Richtung/Adresse) -
aqui (uma direcção); hier ist - aqui
está/aqui é
Hilfe - ajuda
hinaus gehen (fahren) - sair;
hinaus weg - sair embora
hindurchschreiten, überqueren -
atravessar, cruzar
hinein - adentro
hinter - detrás; hinter / vor (zeitl.)
- atrás
(hinunter)schlucken - engolir
hochkant hinstellen - pôr
verticalmente
Hof - pátio
hoffen - esperar
Hoffnung - esperança
hören - ouvir; Ich höre Musik. - Eu
ouço música.
hörte, gehört (ouvir) - ouvido
Hose - calças

Hotels (pl.) - hotéis; das Hotel -
hotel
Hund - cão
hundert - cem
Hunger - fome
Hut - chapéu
ich - eu
Idee - ideia
ihr - deles
ihr/Sie - vós/vocês (pl.)
immer - sempre
in - dentro; em
in der Nähe, nah - perto
in der Zwischenzeit - entretanto
in einer Stunde - numa hora
in Panik versetzen - entrar em
pânico
Information , Angabe - informação
informieren, mitteilen - informar
informierte, mitgeteilt - informado
Ingenieur - engenheiro
Inserat - aviso/anúncio
intelligent - inteligente
interessant - interessante
irgendwelche - algum/alguma;
irgendwelche von - algum
de/alguma de
ja - sim
Jacke - casaco
Jahr - ano
Japan - Japão
Japaner - japonês
jemand - alguém
jener, jene, jenes - aquele
jenes/jene - aquilo/aquele/aquela
jetzt, zurzeit, gerade - agora
Journalist - jornalista
jung - jovem
Junge - menino/rapaz
Kabel - cabo
Kaffee - café

kalt - frio (adj)
Kälte - frieza
kam, gekommen (vir) - veio
Känguruh - canguru
kannte (conhecer) - conheci
Kapitän - Capitão
Karte - mapa
Kasse - caixa registadora
Kassierer - operador de caixa
Kater/Katze - gato/gata
Kätzchen - gatinho
Katze - gato
kaufen - comprar
keine - nenhum
kennen, kennenlernen, erkennen -
conhecer
Kessel - chaleira
Kilometer - quilómetro
Kind - criança
Kinder (pl.) - meninos
Kindergarten - jardim de infância
Kiste - caixa
klar, sicher - seguro/segura
Klasse , Unterricht - classe
klein - pequeno
klingeln, anrufen - chamar
klingeln, berühren, spielen
(Instrument) - tocar
klingelte (tocar) - tocou
Knopf - botão
Koch / Köchin -
cozinheiro/cozinheira
Kollege - colega
komm(en Sie) / geh(en Sie) - vem,
vai
können - saber; Ich kann lesen. -
Eu sei ler.
könnte - poderia; Ich könnte lesen
wenn... - Eu poderia ler se...
könnte, kann (poder) - podia
Kontrolle - controlo/controle

kontrollieren/bestätigen - revisar/confirmar
Koordination - coordenação
Kopf - cabeça; Chef, Arbeitgeber - chefe/patrão
Kopfarbeit - trabalho mental
korrigieren - corrigir
kosten - custar
Kraft - força
kreativ - creativo
Krieg - guerra
kriminell - criminal
Kristall - cristal
Krug - jarro
Küche - cozinha
kümmern sich um - cuidar/tomar conta
Kunde - cliente
Kunst - arte
Künstler - artista
Kurs - curso
kurz - curto/a
küssen - beijar
Küste - costa
Lächeln - sorriso; lächeln - sorrir
lächelte, gelächelt (sorrir) - sorriu
lachen - rir-se
Laden - loja; die Läden - lojas
Land - país; campo; terra
landen - aterrar
lang - comprido/longo
langsam - lentamente
Laser - laser
lassen / erlauben - permitir
Lastwagen - camião
laufend - caminhando
laut - em voz alta
Leben - vida; das Rettungsmanöver - manobra de salvamento
leben, wohnen - viver

lebte (vivir) - viveu
lecker - saboroso, gostoso
ledig - solteiro/a
leer - em branco, vazio
legen - colocar
Lehrer / Lehrerin - professor/professora
leicht - ligeiramente
leise - calado/silencioso; (adverb) - silenciosamente
lenken/fahren - dirigir/conduzir
lernen (aprender) - aprendendo
lesen - ler
Letzte - último/ passado
Liebe - amor
lieben - amar
lieber, liebe/Liebster - querido
Liebling - favorito
liebte, geliebt (amar) - amado
links - esquerda
Liste - lista
Löwe - leão
Luft - ar
lügen - mentir
lustig - engraçado/a
machen - fazer; die Kaffeemaschine - máquina de café
Mädchen - rapariga/menina
Mama, die Mutter - mãe
man sucht - procura-se
manchmal, ab und zu - algumas vezes
Mann - homem
Männer (pl.) - homens
männlich - masculino
Mannschaft - equipe
Maschine - máquina
Matratze - colchão
Meer - mar
mehr - mais
mein - meu; meine - minha

meist - o mais
Mensch - humano; menschlich
(adj) - humano (adj)
Menschen (pl.) - pessoas
Metall - metal
Meter - metro
Methode - método
mich - eu
Mikrofon - microfone
Minute - minuto
mit - com; mit dem Bus fahren - ir
de autocarro
Mitglied - membro
Möbel - mobília
mögen, lieben - gostar, amar
möglich - possível
Möglichkeit , Gelegenheit -
possibilidade, oportunidade
Möglichkeiten (pl.) -
possibilidades
Moment - momento
Monat - mês
monoton - monótono
Montag - Segunda-feira
Mörder - assassino
morgen - amanhã
morgens, vormittags - de manhã
Motor - motor
müde - cansado
Musik - música
müssen - ter de; Ich muss gehen. -
eu tenho de ir.
Mutter - mãe
nach - depois de
nach - depois; passado; um halb
neun - às oito e meia
Nachbar - vizinho
nächste - mais perto
Nacht - noite
nah - perto de, próximo
nahe - perto

nahm (tomar) - tomou
Name - nome; nennen / zitieren -
citar
Nase - nariz
nass - molhado
Nationalität - nacionalidade
Natur - natureza
natürlich, klar - claro
nehmen - tomar
nein - não
neu - novo
neun - nove
neunter - nona
nicht - não
nichts - nada
nie - nunca
niemand - ninguém
noch, weiterhin - ainda; noch
einen - mais um
Nordamerika und Eurasien -
Norte América e Eurásia
Notiz - nota
Notizbuch - bloco de notas; die
Notizbücher - blocos de notas
Nummer - número
nur - Somente, só
ob / wenn - se (condicional)
obwohl, trotzdem - ainda que
oder - ou
öffnen - abrir
öffnete (abrir) - abriu
oft - várias vezes
Oh! - Oh!
ohne - sem
Ohr - orelha
Öl - azeite
Olympia - olímpico
Papa - papá
Papier - papel
Park - parque; die Parks - parques
passend - adequado

passieren - ocorrer/acontecer;
passiert - ocorreu/aconteceu
passieren, bestehen - passar
Patrouille , Streife - patrulha
Pause - recesso, pausa
Person - pessoa
Personalabteilung - departamento
de pessoal
persönlich - pessoal
Piepton - bip
Pilot - piloto
Plan - plano
planen - planear, planificar
Planet - planeta
Platz - praça; lugar
plötzlich - de repente
Polen - Polónia
Polizei - polícia
Polizist - polícia
Portugal - Portugal
Portugiese , Portugiesin ,
portugiesisch - português ,
portuguesa
portugiesisch - português (adj)
Position - posição
Preis - preço
pro Stunde - por hora
Problem - problema
Programm - programa
Programmierer - programador
prüfen - examinar, aprovar
Prüfung - exame, teste
Publikum - público, audiência
Puppe - boneca
quedas - der Fallschirm - pára
quedistas - der Fallschirmspringer
- pára
Rad - roda
Radar - radar
Radio - rádio
Raser - condutor temerário

raste (correr) - correu
Rätsel - mistério
Ratte - ratazana
Raumschiff - nave espacial
rechts - direito/a
Rede - discurso
Regel - regra
Regen - chuva
reiben - esfregar
reisen - viajar
rennen, joggen, laufen - correr
Reporter - repórter
Rest - resto
retten - salvar
Rettungseinheit - unidade de
resgate
richten - apontar; correctamente;
correcto
rief (gritar) - gritou
riefen an (chamar) - chamado
Roberto - Roberto
rot - vermelho
Rubrik - rubrica
Rucksack - mochila
Saatgut - semente
sagen - contar, dizer
sagte (dizer) - disse
sah, schaute, geschaut (olhar) -
olhou
sah (ver) - viu
Samstag - sábado
Sand - areia
Sandwich - sanduíche
Satz - frase
sauber - limpo
saubermachen - a limpar
säubern - limpar
Säuberung - limpeza
schaffen/hinkriegen /gelingen -
conseguir

schämen sich - envergonhar-se; er schämt sich - ele está envergonhado
schauen, betrachten - olhar
Schiff - barco
schlafen - dormir
Schlafzimmer (pl.) - dormitórios
schlagen - bater
Schlange - fila
schlau - esperto; manhoso
schlecht - mau/mal
schließen - fechar
Schluß - final
Schlüssel - chave
schnell - rapidamente, rápido
schön - bonito; lindo/a
schon, sofort - já
schreiben - escrever
Schreibtisch - secretária (mesa)
schreien, rufen/ weinen - gritar/chorar
schreit/weint - grita/chora
schrieb - escreveu
Schriftsteller - escritor
Schritt - passo
Schule - escola
Schuss; angeschossen - tiro
schütten, gießen - entornar
Schwanz - cauda
schwarz - preto
schwer - difícil
schwer, hart - duro
Schwester - irmã
schwimmen - nadar
sechs - seis
sechster - sexto
sechzig - sessenta
See - lago
sehen - ver
sehr - muito
sein (v) - ser/estar

sein - seu; seine - sua; sein Bett - sua cama; sein/ihr Buch - livro dele/dela
seit - desde que
Sekretärin - secretária
selten - raramente
Serie - série
setzen - sentar
sich hinsetzen - assentar-se
Sicherheitsgurt - cinto de segurança
sie - ela, eles
sieben - sete
siebter - sétimo
siebzehn - dezassete
singen - cantar; der Sänger - cantor
Sirene - sirene
Situation - situação
Sitz/Stuhl - assento/cadeira
Snack - lanche
so - assim
so oft wie möglich - quantas vezes for possível
Sofia - Sofía
sofort - imediatamente
Sohn - filho
Sonntag - domingo; Sonntagsfrühstück - pequeno alomoço de domingo
Sorgen sich machen - preocupar-se
Spaniel - espaniel
Spaß - diversão
Spaß haben, genießen - divertir-se/ apreciar
spät, Nachmittag - tarde
spielen - jogar
Spielzeug - brinquedo
Sport - desporto; das Sportgeschäft - loja de desporto,

das Sportfahrrad - bicicleta
desportiva
Sprache - língua/idioma
sprechen - falar
springen - saltar; der Sprung -
salto
Stadt - cidade
Stadtzentrum - centro da cidade
Stand - estado
Standard - norma/padrão
stark - forte, fortemente
startete (arrancar) - arrancou
stattdessen - em vez de
Stechmücke - mosquito
stehlen - roubar
Stein - pedra
sterben - morrer, tot - morto
Stern - estrela
Sternchen - asterisco
Stift - caneta, esferografica; die
Stifte - canetas, esferograficas
Stimme - voz
stinken - mal cheiroso
stoßen, ziehen - empurrar
strafbar - penal
Straße - rua, estrada; die Straßen -
ruas
Student - estudante; die Studenten
- estudantes
studieren - estudar
Stuhl - cadeira
Stunde - hora; in der Stunde - por
hora
super, toll - grande
Supermarkt - supermercado
Tablette - comprimido
Tag - dia; täglich, jeden Tag -
diariamente
tanzen - dançar; getanzt (part.) -
dancei; tanzend - a dançar
Tasche - bolso

Tastatur - teclado
tat (fazer) - fez
tausend - mil
Taxi - táxi; der Taxifahrer - taxista
Tee - chá
Teil - parte
teilnehmen - tomar parte
Teilnehmer - participante
Telefon - telefone; telefonieren -
telefonar
Telefonhörer - auricular
Teller - prato
Text - texto
Tier - animal
Tierarzt - veterinário
Tiger - tigre
Tisch - mesa; die Tische - mesas
Tochter - filha
tödlich - mortal/fatal
Toilette - sanitário
toll, klasse - fixe
tot, Toter, leblos - morto
tragen/bringen - carregar/levar
trainieren - treinar; trainiert -
treinado
Transport - transporte
transportieren - transportar
trat (pisar) - pisou
Traum - sonho/a
träumen - sonhar
traurig - triste
treffen, kennenlernen - conhecer
treiben - flutuar
treibend (flutuar) - flutuando
Treppe - escadas
Tresor - caixa forte
treten - pisar
tretend - pisando
Trick - truque
trinken - beber
trocken - seco

trocknen - secar
tschüss - adeus
Tür - porta
über / ende - fim
über, bezüglich - acerca de
Überfall , Einbruch - assalto
übergreifen / verbreiten -
espalhar
überraschen - surprender
überrascht, verwundert -
surprendido
Überraschung - surpresa
Übersetzer - tradutor
Uhr - relógio, horas; Es ist zwei
Uhr. - São duas horas.
umher - em volta
und - e
Unfall - acidente
ungerecht - injusto
Universität , Uni - universidade
uns - nós
unser - nosso
unten, klein, niedrig, leise - baixo
unter - debaixo
unterhalten sich - conversar
unterstreichen - sublinhar
usw. - etc.
Vater - pai
verärgert / wütend -
chateado/com raiva
verdammt - maldito
verdienen /erhalten,bekommen -
ganhar/receber; Ich verdiene
zehn Euro pro Stunde. - Eu ganho
10 euros por hora.
Verein - clube
Vereinbarung - acordo
Vereinigten Staaten (pl.), die USA -
Estados Unidos/EUA
Verfolgung - perseguição
vergessen - esquecer

verkaufen - vender
Verkäufer , Verkäuferin -
assistente de loja
verkleidet / Kleid -
vestido/vestida
Verlag - editoria
verließ (sair) - saiu
verschieden - diferente
verschlagen, schlau - manhoso;
schlau - astutamente
verschmutzen - poluir
verstanden (entender) - entendeu
verstecken sich - esconder; das
Versteckspiel - escondidas
versteckte (esconder) - escondeu
verstehen -
entender/compreender
versuchen - tentar
versuchte (tratar) - tratou
verwirrt - confuso
Videokassette - cassete de vídeo
Videothek - loja de vídeos
viel, viele - muito, muitos
vier - quatro
vierter - quarto
vierundvierzig - quarenta e quatro
Vogel - pássaro
voll - cheio
von - do; da
vor - antes/ à frente de; em frente
vor allem - especialmente
vor einem Jahr - há um ano atrás
vor einer Stunde - há uma hora
vorbei, Vergangenheit - passado
vorbereiten - preparar
vorgeben; so tun, als ob - fingir
vorn - frente
vorsichtig - cuidadosamente
vorsichtig, sorgfältig -
cuidadoso/cuidadosa

waagerecht hinstellen - pôr
horizontalmente
Wachtmeister - sargento
Waffe - arma
wählen, aussuchen - escolher
während - durante; entretanto
wahrnehmen - dar-se conta
Wal - baleia; Killerwal
(Schwertwal) - baleia assassina
war - estava/foi
waren - era /estava
warm, heiß - quente
warten - esperar
wartete (esperar) - esperou
warum? - porquê?
was, welcher/welche/welches -
que; Was ist das? - O que é isto?
Welcher Tisch? - Qual mesa?
Waschbecken - lavatório
waschen - lavar
Wasser - água
Wasserhahn - torneira
Website - página web
weg - ido
Weg - caminho
weggehen - ir embora
weiblich - feminino
weil - porque
weil / da - uma vez que
weiß - branco/branca
weit (weg) - longe
weiter - Mais longe
Welle - onda
Welpe - cachorro
Welt - mundo
Weltall - espaço
wenig - poucos
weniger - menos
wenigstens - pelo menos
wenn / als - quando
wer - quem

wessen / dessen - cujo
Wetter - tempo
wichtig - importante
wie, weil, als/seit - como/desde
wieder - outra vez
Wind - vento
wir - nós; wir gehen - vamos
wirklich - real
wirklich/sehr, viel -
realmente/muito
wo - onde
Woche - semana
wohnhaft - vivendo/ a viver
wollen - querer
Wort , Vokabel - palavra; die
Wörter, die Vokabeln - palavras
wunderbar -
maravilhoso/maravilhosa
wütend - irado/furioso
zahlen - pagar
Zebra - zebra
zehn - dez
zehnter - décimo
zeigen - mostrar
zeigte (demonstrar) - demonstrou
Zeit - tempo; die Zeit vergeht - o
tempo passa; zwei mal - duas
vezes
Zeitschrift - revista
Zeitung - jornal
Zentrum - centro
zerstört (destruyer) - destrói
ziehen - tirar/ puxar
ziemlich - um tanto
Zimmer - quarto/sala; die Zimmer
- quartos/salas
zittern - tremer
Zoo - zoológico
zu Fuß gehen - caminhar
zu groß - demasiado grande
zu mir - para mim

zuerst, erste - primeiro/primeira
Zug - comboio
Zuhause , Haus - casa, casa
Zukunft - futuro
zum - para/por
zurück - atrás
zusammen - juntos
zusammen kommen - unir

zwanzig - vinte
zwei - dois
zweimal - duas vezes
zweiter - segundo; zweite Name -
segundo nome
zwischen - entre
zwölf - doze

Buchtipps

Das Erste Portugiesische Lesebuch für Anfänger
Band 2
Stufe A2 Zweisprachig mit Portugiesisch-deutscher Übersetzung
Leticia von Eulenburg

Dieses Buch ist Band 2 des Ersten Portugiesischen Lesebuches für Anfänger. Die Motivation der Leser wird durch lustige Geschichten aufrechterhalten. Die dabei verwendete Methode basiert auf der natürlichen menschlichen Gabe, sich Wörter zu merken, die immer wieder und systematisch im Text auftauchen. Das Buch bietet eine parallele Übersetzung, die dem Leser das Erlernen der Sprache in kürzerer Zeit ermöglicht. Auf einem Blick kann hier sofort gesehen werden, was unbekannte Wörter bedeuten. Die Audiodateien sind online inklusive erhältlich. Mithilfe von QR-Codes kann man im Handumdrehen eine Audiodatei aufrufen, ohne Webadressen manuell eingeben. Dieses Buch hat schon vielen Menschen geholfen, ihr wahres Sprachpotential zu entdecken. Zwanzig Minuten am Tag sind die Grundlage für Erfolg!